Chespirito

Vida y magia del comediante más popular de América

Agradecimientos

"Chespirito' Vida y magia del comediante más popular de América' fue posible gracias a la colaboración de las siguientes personas e instituciones:

A don Roberto Gómez Bolaños por haber creado en cuatro décadas tantos simpáticos personajes y frases que pasaron a formar parte importante en la vida de cuatro generaciones de chicos y grandes en toda América… ¡Es lo máximo don Roberto!

Al archivo fotográfico propiedad de Televisa S.A. de C.V.

AGUILAR

Título original: 'Chespirito' vida y magia del comediante más popular de América
Publicado originalmente por:
© 2012 Editorial Televisa, S.A. de C.V.

© De esta edición:
Santillana USA Publishing Company, Inc.
2023 N.W. 84th Ave.
Doral, FL, 33122
Teléfono: (305) 591-9522
Fax: (305) 591-7473
www.prisaediciones.com
Primera edición: Setiembre de 2013
ISBN: 978-1-62263-180-3

Editor del libro: Alejandro Salazar Hernández
Diseño de cubierta: Bogart Arce Tirado.
Director Creativo Editorial Televisa
Foto de cubierta: Archivo editorial Televisa.
Adaptacion gráfica para USA: Grafi(k)a LLC

Printed in the United States by
Rose Printing Company Inc.
15 14 13   1 2 3 4 5 6 7 8 9

PRISA EDICIONES

3 6109 00484 9821

Al fotógrafo Carlos Rosas Gallástegui, por las imágenes captadas en la carrera de 'Chespirito'.

Agradecimiento especial a Maribel Aguilar Ruiz, por su colaboración en el acopio de fotografías.

Al licenciado Luis Jorge Arnau, por coordinar la realización de las cartas de las hijas de don Roberto y concedernos valioso material fotográfico de la familia Gómez Bolaños.

Al personal del Archivo Editorial Televisa y Archivo Fotográfico de TVyNovelas.

A Anabel López.

A Car, Alex y Monse por aguardar con infinita paciencia la culminación de este trabajo.

Y a cuantas personas atendieron nuestra entusiasta exhortación: ¡Síganos los buenos!

"¡No contaban con mi astucia!"

La jubilosa exclamación con que 'El Chapulín Colorado' coronaba sus siempre accidentales victorias sobre sus 'archirecontraenemigos' (¡Chanfle!), se convierte otra vez en la frase más apropiada para que don Roberto Gómez Bolaños, creador e intérprete de este mexicanísimo héroe, festeje su trayectoria en la cual ha hecho reír a miles de millones de personas de cuatro generaciones en América, Europa y África.

De niño, soñó con ser futbolista profesional; de adolescente, boxeador o ingeniero... Pero, al paso del tiempo, el nativo de la ciudad de México descubrió casualmente su verdadera vocación: divertir con su humorismo. Primero lo hizo como escritor de cabecera de la inolvidable mancuerna cómica formada por 'Viruta y Capulina', en los sesenta. En los setenta, como creador de una galería de simpáticos personajes, entre los cuales destacaron el ya citado héroe de las antenitas de vinil, y 'El Chavo del ocho', dos de los más populares en la historia de la televisión latinoamericana.

Paradójicamente, fue en su debut como guionista cinematográfico, en la película 'Los legionarios' (1957), que el director Agustín P. Delgado le apodó 'Shakespearito' (diminutivo de William Shakespeare), en reconocimiento a su talento para escribir. Tiempo después, don Roberto lo adoptó castellanizándolo como 'Chespirito'. A partir de ahí, la letra 'CH' se convirtió en amuleto de buena suerte para otros de sus personajes como 'Chómpiras', 'Chaparrón', el doctor 'Chapatín', la 'Chimoltrufia'...

Durante 25 años consecutivos, todas esas caracterizaciones fueron adoptadas por millones de familias en todo el continente que, además de seguir incondicionalmente sus transmisiones por televisión, atiborraron cuanto foro se presentaban para idolatrarlos, incorporar sus frases a su lenguaje cotidiano y consolidarlos como parte importante de la cultura popular en toda la región.

Para honrar su trayectoria, y agradecerle los gratos momentos que perduran gracias a las constantes repeticiones de sus programas, Televisa organizó 'América celebra a 'Chespirito'', iniciativa en la que 17 naciones del continente sumaron complicidades para realizar un programa especial donde también se exaltó su calidad humana. Editorial Televisa, a través de TVyNovelas, se suma a este reconocimiento colectivo con 'Chespirito' Vida y magia del comediante más popular de América', biografía que reseña algunos de los episodios más trascendentales de sus 83 años de vida y casi 60 de trayectoria en el espectáculo.

Algunos medios han tratado de ilustrar con cifras la importancia de los logros de don Roberto, y, la verdad, son impresionantes. Baste citar como ejemplo que, traducidas a más de 50 idiomas, sus series se han transmitido en 90 países alcanzando, en promedio, ¡hasta 350 millones de espectadores a la semana!

Como ésta, existen muchas marcas dignas de ser resaltadas, pero la frialdad de los números nunca será tan conmovedora y cálida, como el hecho de descubrir que, detrás de una personalidad de este calibre, existe un ser que, sin envanecerse en momento alguno de sus conquistas, pide ser reconocido al final del camino simplemente como un buen hombre.

Fruto de una ardua investigación en todos los medios impresos y electrónicos (incluyendo las hoy en boga redes sociales), este compendio de 120 páginas revela el lado humano del escritor, guionista, actor, director, dramaturgo, comediante y compositor mexicano que, sin querer queriendo, y sin que nadie contara con su astucia, se convirtió en un fenómeno de la televisión mundial que, acompañado por el grupo de comedia más famoso en el mundo de habla hispana, superó en su momento la popularidad de Mario Moreno 'Cantinflas' y Charles Chaplin, dos de los grandes monstruos de la comedia en el mundo.

Si desean corroborar ésta y otras anécdotas y datos poco conocidos de la vida pública y privada de don Roberto Gómez Bolaños... ¡Síganme los buenos!

¡Gracias, 'Chespirito'!

El miércoles 29 de febrero de 2012 será por siempre inolvidable para Roberto Gómez Bolaños. Millones de personas de 17 países del continente participaron en 'América celebra a 'Chespirito'', iniciativa encabezada por Televisa para festejar la trayectoria de este comediante que ha hecho reír con sus simpáticos personajes a cuatro generaciones.

Populares artistas de diversas latitudes unieron complicidades para ... ir este homenaje que, ironías de la vida, hizo llorar de emoción al ... rprete de 'El Chapulín Colorado' y 'El Chavo', ante las 10 mil personas ... abarrotaron el Auditorio Nacional de la ciudad de México.

... Qué siente al recibir el cariño de cuatro generaciones y de tantos ... ses diferentes?, le preguntaron días antes de la emotiva jornada trans... da por 'El Canal de las Estrellas' el pasado domingo 11 de marzo.

... 'Doy un agradecimiento infinito a Dios, que me ha dado esta opor... dad, y, por supuesto, a toda la gente que demuestra un cariño. Es ... erecido, pero más lo agradezco".

... Breves, pero emotivas palabras de Roberto Gómez Bolaños, ... tagonista de una apasionante vida personal y artística que ... ñamos a continuación con la más profunda ... iración y agradecimiento...

... anme los buenos!

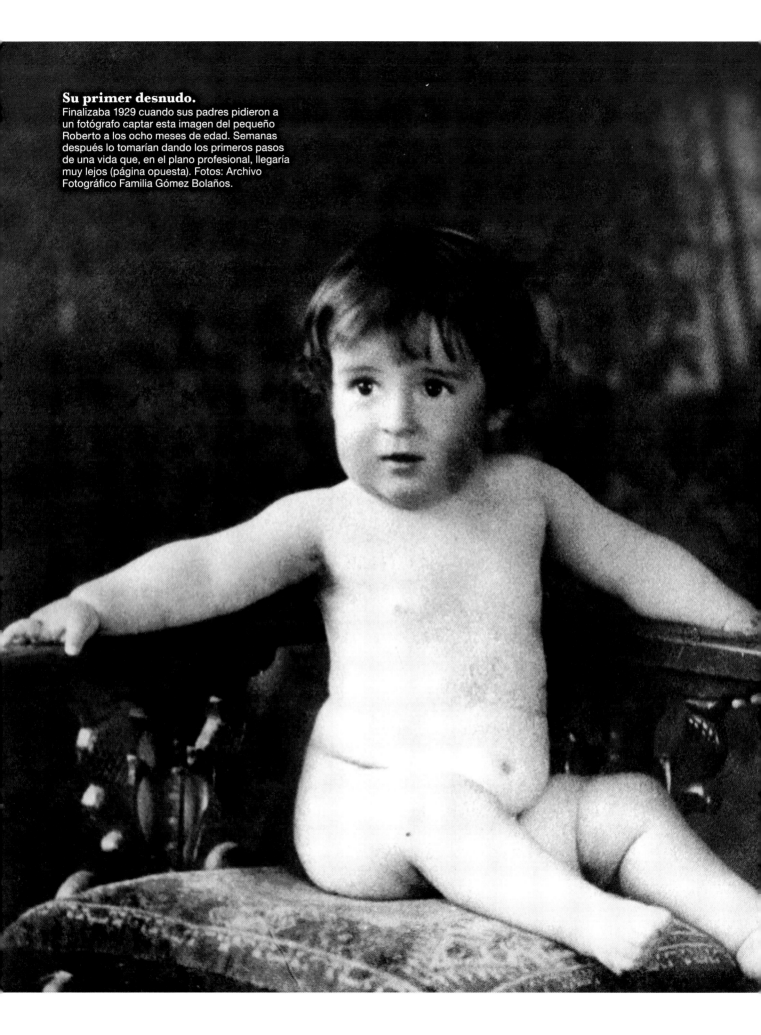

Su primer desnudo.
Finalizaba 1929 cuando sus padres pidieron a un fotógrafo captar esta imagen del pequeño Roberto a los ocho meses de edad. Semanas después lo tomarían dando los primeros pasos de una vida que, en el plano profesional, llegaría muy lejos (página opuesta). Fotos: Archivo Fotográfico Familia Gómez Bolaños.

El Chavo que se anotó un ocho

> *De niño, mi ambición era ser futbolista; la sigo teniendo, pero ya no puedo. De joven, ser ingeniero; incluso estudié hasta el segundo año en la Facultad de Ingeniería en la Universidad Nacional Autónoma de México. Me gustaban y me siguen gustando las matemáticas, aunque ya olvidé el cálculo integral, diferencial, etc*

El destino de Roberto Gómez Bolaños quedó marcado en la segunda mitad de 1928. Al buscar cortarse un resfriado para asistir a un baile que coincidió con día lluvioso, su madre, Elsa Bolaños Cacho, consultó por teléfono a su cuñado, doctor Gilberto Gómez, quien le recetó un medicamento y las precauciones de rutina.

Al paso de unas horas, la paciente se sintió al borde de la muerte, llamó de nuevo al médico quien, sin perder tiempo, acudió a su domicilio. La medicina recetada no podía ser la causante. "A menos que estuviera embarazada" le dijo el doctor, y eso era precisamente lo que sucedía con doña Elsa, entonces de 26 años de edad.

El medicamento contenía quinina, un abortivo poderoso, por lo que no quedaba más que aguardar la fatal consecuencia. La paciente se contrarió ya que, apenas un año atrás, había perdido a su segundo bebé, pero propuso no repetir la mala experiencia.

Así, Roberto nació en el Distrito Federal el 21 de febrero de 1929, semanas después de que el país se había sacudido con el asesinato del presidente electo de México, General Álvaro Obregón.

De clase media acomodada y entre cuyos parientes figuraba el primo de su mamá, Gustavo Díaz Ordaz (quien ocupaba la Presidencia de la República Mexicana 35 años después), la familia era capitaneada por su padre, originario Francisco Gómez Linares (1892), actor, dibujante y pintor, quien retrató a la esposa del presidente Emilio Portes Gil y a varios mandatarios de Estados Unidos.

Su primer dibujo apareció en las portadas de El Universal Ilustrado, publicación de la cual fue director artístico.

En brazos de papá.
Su llegada colmó de felicidad a Francisco Gómez Linares y Elsa Bolaños Cacho, quienes unieron sus vidas en matrimonio en 1925 (foto inferior). Página opuesta: De buena estirpe, Doña Elsa vivió 10 años con su esposo, un bohemio cuyo desempeño como pintor, combinado con su simpatía, lo pusieron de frente a dos excesos: el alcohol y las mujeres, que lo condujeron finalmente a la muerte. Fotos: Archivo Familia Gómez Bolaños.

Su mamá, Elsa Bolaños Cacho, nacida el 4 de abril de 1902 en el estado de Oaxaca, también pintaba, era retratista y poetisa. De los ocho a los 20 años vivió en Nueva York, ciudad a la que emigró toda su familia para evitar los estragos de la Revolución Mexicana. Por tanto, aprendió a hablar inglés, lo que permitiría años más tarde sortear las consecuencias de la vida disipada que distinguió a su marido.

"MI PAPÁ TAMBIÉN CANTABA Y DECLAMABA"

"Lo de mi papá era el arte en muchas de sus manifestaciones. Además de pintar y dibujar, también cantaba, declamaba, tocaba la mandolina... Era culto, guapo, simpático y magnífico contador de chistes; eso lo hizo centro de atracción en cuantas reuniones asistía, y lo condujo a ser víctima de dos excesos: el alcohol y las mujeres", ha contado Gómez Bolaños en repetidas ocasiones.

Ambas debilidades causaron un derrame cerebral a don Francisco, quien murió el 7 de septiembre de 1935, a los 43 años de edad. Entonces Roberto tenía apenas seis años, su hermano Paco nueve y Horacio cinco. A pesar de su corta edad, el fallecimiento de su padre marcó su infancia.

"Para mí resultó difícil, porque todos los días me asomaba por la ventana de la casa para esperar su llegada. Fue algo que seguí haciendo semanas después de su muerte, pese a que mi mamá ya había me dicho: 'Tu papá se fue al cielo'. Me resistí a creerlo hasta que, al paso del tiempo, él ya nunca regresó. Esa realidad se hizo más dolorosa la siguiente Navidad. Mi mamá nos inculcó la costumbre de Santa Claus. Así, la primera vez que no vimos regalos dijimos: '¿Y ahora qué pasó?', y una tía nos dijo: 'Santa Claus no existe; era su papá y, como ya se murió, ahora no hay regalos'".

1929
21 de febrero. Nació en la ciudad de México Roberto Gómez Bolaños, segundo hijo del matrimonio formado por Francisco Gómez Linares y Elsa Bolaños Cacho. Tres años antes, en 1926, había nacido su hermano mayor Francisco, y un año después (julio 28 de 1930) Horacio, quien fue su mejor compañero en la infancia.

"NUNCA ESTUVE EN LA MISERIA"

Esa crisis familiar pronto se recrudeció al combinarse con la económica mundial provocada por el crack de la bolsa en Wall Street, pero, sobre todo, con las deudas que don Francisco les dejó como herencia, resultado de su carácter bohemio. Ante tales circunstancias, doña Elsa asumió el rol de madre y padre de sus tres pequeños hijos.

En principio se empleó como secretaria bilingüe, no sin antes verse obligada a malbaratar la casa donde vivían. Posteriormente, con sus ahorros, comenzó a invertir en la construcción y venta de casas, lo que le permitió dar una vida decorosa a sus hijos.

Retrato de familia.

Página opuesta: Fue tomado meses antes del fallecimiento de don Francisco Góme Linares. Roberto gozaba entonces de una infancia feliz al lado de sus hermano Francisco y Horacio, y algunos familiares.

En esta página: su Primera Comunión fue inolvidable. Lamentablemente, la muerte de su padre llenaría de tristeza y añoranza el resto de su vida.
Fotos: Archivo Familia Gómez Bolaños.

"Fui un niño muy feliz, pese a que nunca tuve una bicicleta, un trenecito eléctrico… pero nunca me faltó una pelota, un soldadito de plomo. Tampoco comía grandes manjares, pero no me faltaban frijoles, tortillas y un pedacito de carne. Nunca estuve en la miseria. Mi mamá era extraordinaria; todo lo de ella lo recuerdo con mucho cariño, porque sabía ser mamá, amiga, compañera, hermana… Porque yo no tuve hermanas. Nos mandó a buenos colegios, sacrificándose ella en sus necesidades".

"TUVE COMPLEJO DE INFERIORIDAD"

Alguna enfermedad aquejó al poco tiempo a Roberto Gómez Bolaños, obligándole a ausentarse un año de la escuela. Al recuperarse se fue a vivir un año a la ciudad de Guadalajara, Jalisco, con su tía Emilia, hermana de su mamá, y su esposo Óscar Burn. Ahí ingresó en el Colegio Cervantes, de los hermanos maristas, donde su baja estatura y constitución débil le reportaron su primer encuentro a trompadas.

"Estar chaparrito, flaquito y débil me generó siempre un complejo de inferioridad, que sólo podía superar a fuerza de golpes; así demostraba que los más altos, pesados y fuertes no eran superiores a mí. Esa práctica me proporcionó cierta habilidad para los catorrazos".

14

Ya de vuelta en la ciudad de México, se integró con sus hermanos al ambiente de la colonia Del Valle, una de las más exclusivas entonces en la ciudad de México, cuyas calles no sólo atestiguaron sus juegos y travesuras, así como gusto por hacer bromas; sus pobladores también le sirvieron después de inspiración para sus personajes e historias televisivas.

"Era un ambiente sensacional. Había clubes (les pusimos así a las bandas, para que sonara menos fuerte). El nuestro era famosísimo: Los Aracuanes, nombre sugerido por mi hermano Horacio", recordó alguna vez Roberto Gómez Bolaños de aquel grupo de amigos que se congregaban en un parque llamado Mariscal Sucre. El grupo estaba integrado por Antonio Gabilondo, Chava Neri, Javier Oceguera, Aarón Mercado, Carlos Ruiz, Horacio y Roberto Gómez.

1935

7 de septiembre.
Falleció su padre en la ciudad de México, víctima de un derrame cerebral. Semanas después, una enfermedad obliga a Roberto a emigrar a Guadalajara, Jalisco, donde cursa el primer año de primaria. Un año antes (junio 15 de 1934), nació Rubén Aguirre en Saltillo, Coahuila.

Era gambetero y goleador.
Jugó en las fuerzas inferiores del equipo Marte, en la posición de extremo izquierdo; brincaba alto y anotaba goles pero, debido a su bajo peso, era desplazado con facilidad. Entonces buscó superar ese complejo practicando temporalmente el boxeo. Fotos: Archivo Familia Gómez Bolaños.

FUE PROMESA DEL FUTBOL

Además de los juegos, las peleas a puñetazos eran también cotidianas en el barrio, y algunos de sus jóvenes habitantes pronto cobraron fama de ser buenos y valientes para los cates, entre ellos Roberto, pese a ser de los más bajitos de su club.

"No teníamos miedo, porque nos peleábamos mucho; y no era que fuéramos más bravos, sino que todos le entrábamos a los golpes. A mí, la verdad, no me daban miedo éstos, sino que me dijeran: '¡Te la rompieron!', porque había labrado un prestigio de bueno para los moquetes. Además, eran tan constantes los pleitos y golpes que me propinaban, que mi mamá no me castigaba por la impresión de verme lastimado".

Justo a unas calles de sus dominios figuraba otra banda: 'Los Halcones', integrada, entre otros, por los futuros presidentes de México Luis Echeverría Álvarez y José López Portillo, y Arturo Durazo, quien después cobró fama como jefe policiaco.

"'El Negro', como lo apodaban, tenía una novia que vivía en la misma privada donde yo, lo que dio pie para que él, que era 10 años mayor que yo, me usara para llevarle los mensajes. Y también, más de una vez, le detuve el saco mientras le rompía la cara a alguien, porque era un hábil peleador callejero".

En general, Los Aracuanes eran buenos muchachos. Además de organizar fiestas (en las que escuchaban música de Agustín Lara, Gonzalo Curiel y Guty Cárdenas, entre otros compositores), practicaban

basquetbol y beisbol, aunque el deporte que apasionó siempre a Roberto fue el futbol, que practicó en sus primeros tres años de adolescencia.

"Me invitaron a jugar en las fuerzas inferiores del equipo Marte, donde tuve la suerte de participar en varios juegos preeliminares en el campo Asturias, entonces el máximo escenario de este deporte. El primero fue con el equipo España, al que derrotamos por un gol a cero, con tanto que tuve la fortuna de anotar. En el transcurso de mi vida he tenido suerte de experimentar grandes satisfacciones, pero pocas como aquella en que fui aplaudido por la multitud".

Pese a ello, tuvo que olvidar el anhelo de ser futbolista pues, debido a su bajo peso (48 kilos) era desplazado con facilidad. "La estatura no me afectaba, porque tenía mucho resorte, brincaba alto y tenía agilidad como nadie a nivel de cancha... Pero finalmente lo dejé porque sabía que no pasaría de ese límite, y ser segundón nunca me ha gustado".

Pero nunca se amargó por ver frustrado ese deseo, pues el destino pronto le abría nuevos senderos. Recibir como regalo una guitarra detonó en él dos aspectos que determinaron su vida: el amor por la composición y la música y una incontrolable debilidad por las mujeres.

TAMBIÉN BRILLÓ EN LOS CUADRILÁTEROS

Cuando realizaba su servicio militar, los problemas económicos de la familia Gómez Bolaños volvieron a recrudecerse. Doña Elsa perdió las casas que rentaba y la situación familiar se tornó más difícil.

"Nos bañábamos cada sábado a bandejadas con agua fría y durante un tiempo nos volábamos la luz con un 'diablito'… Pero yo muy feliz, no me daba cuenta de que éramos muy pobres", recordó Roberto, cuya madre pudo adquirir un departamento para sus hijos, esta vez con ayuda de Francisco, el mayor, que ya había empezado a trabajar. Él, por su parte, empezó a estudiar la preparatoria en el Colegio Francés Morelos, donde, aparte de sus dotes para hacer reír a sus amigos, no contuvo su fama de peleonero. Tanto, que pronto se inscribió en el campeonato de boxeo de la institución; en el primer año salió subcampeón, y campeón en el segundo, ambos en Peso Paja.

"Eso me hizo suponer que, si ya en la calle había peleado con tipos más altos y pesados que yo, sería imposible que alguien de mi mismo peso me derrotara. El paso inmediato fue inscribirme al Campeonato de los Guantes de Oro, máxima competencia del boxeo de aficionados y… sí, me ganaron y, por supuesto, me alejé de los cuadriláteros".

Claro, recuerda que años más tarde no le faltaron ganas de probar los puños cuando, de visita en Buenos Aires, Argentina, tres hombres corpulentos le dijeron atrevidos piropos a su esposa Florinda frente a él.

"Hoy, en la recapitulación que he hecho con los años, me arrepiento de haberme peleado tanto; algunas veces quizá fue necesario, y me arrepiento tanto de las veces que gané, como cuando perdí".

PREFERÍA JUGAR CANICAS QUE ESTUDIAR

Mejor suerte corrió al participar en concursos de poesía y prosa, así como en la selección de futbol de la escuela, donde se coronó campeón del equipo. Posteriormente ingresó a la Facultad de Ingeniería de la Universidad Nacional Autónoma de México (UNAM), y realizó trabajos eventuales de dibujo técnico y levantamientos topográficos que le permitieron cubrir gastos personales.

"¿Por qué elegí esta carrera? Por dos razones: Una, mi tío Oscar, con quien viví en Guadalajara, era ingeniero mecánico-electricista. En su casa tenía un taller donde hacía cosas maravillosas. Una vez construyó una locomotora de vapor en miniatura, y yo le ayudé pasándole las herramientas que utilizaba. A partir de ahí me forjé la romántica idea de que el trabajo de los ingenieros consistía en diseñar y fabricar juguetes y toda clase de mecanismos ingeniosos. La otra razón era mi gusto por las matemáticas, una de las materias de estudio que más se me facilitaban".

Decepcionado de su elección, descuidó sus estudios apenas en el segundo año. Acudía a la Universidad, pero se quedaba en la cafetería contando chistes, tocando la guitarra y jugando canicas.

No pasó mucho tiempo para que, en 1954, mientras trabajaba en una fábrica, viera en un periódico que solicitaban aprendices de productor y escritor de televisión, y, por casualidad, logró este último, lo que marcó el primer paso para cambiar su vida y encaminarse a la televisión y el cine, donde le fue impuesto el mote que hoy lo identifica como leyenda: 'Chespirito'.

1948
8 de febrero.
Nació Florinda Meza en Juchipila, Zacatecas, y el 28 de diciembre Edgar Vivar en la ciudad de México. Un año antes (1947), llegó procedente de Madrid, España, la actriz Angelines Fernández, y cuatro antes (enero 12 de 1944) nació Carlos Villagrán en la ciudad de Querétaro.

Póker de ases.
La historia de la
televisión en México ha
forjado grandes figuras.
En la gráfica vemos a
Roberto Gómez Bolaños
con Ernesto Alonso,
El Señor Telenovela;
Jacobo Zabludovsky, uno
de los periodistas más
influyentes del Siglo XX y
Xavier López 'Chabelo',
'El amigo de todos los
niños'. Foto: Gabriela
Saavedra y Gabriel
Rozycki.

Aventuras de un conquistador con suerte

> « *Me gustan mucho las mujeres y me siguen gustando. El problema es que ya no sé cómo se usan* ».

Si bien desde el inicio de la adolescencia llamaron su atención las mujeres, a quienes se daba gusto viendo en una plaza cercana a su hogar o en sus visitas al cine Gloria, uno de los más concurridos en la ciudad de México, el factor hormonal y el prestigio que entre sus cuates representaba tener una novia bonita, despertaron en Roberto Gómez Bolaños el deseo de probar desde muy temprana edad las mieles del amor.

"Eso sí, si la novia no era agraciada, uno tenía que dar explicaciones a los amigos: 'Es que nada más es para pasar el rato', o bien '¡Me dio tanta lástima la pobrecita!'", contó alguna vez el comediante, a quien siempre dominó un complejo, aparte de su baja estatura y delgadez: sus hermanos Francisco y Horacio eran bien parecidos y podían hacerse novios con facilidad de las niñas más bonitas de la colonia.

"Yo, en cambio, con un aspecto físico del montón, me veía obligado a echar mano de todos los recursos posibles para compensar semejante desventaja. Así, aprendí a tocar guitarra para llevar serenatas, intenté ser simpático, interesante… y creo que ni así. Claro, conseguí tener varias novias aceptablemente bonitas, y eso sí, de todas ellas guardo bonitos recuerdos".

Como ocurre en muchos casos, su primera novia fue la prima de uno de sus amigos: Antonio Gabilondo, uno de 'Los Aracuanes'. Ella se llamaba Olga Peralta, y la relación duró sólo unos cuantos meses, aunque no pasó de besar su mejilla mientras bailaban. Quizá esa limitante le impidió enamorarse como lo hizo de su segunda novia: 'La Cucus'.

María Asunción Aguilar Reed vivía cerca de su casa, y en ella descubrió a la muchachita más dulce y tierna que había conocido. "Fue la primera de quien realmente me enamoré, y debo suponer que ella también de mí, hasta que un día me dijo: 'Ya no'. Eso me dolió tanto, que decidí alejarme buscando un empleo lejos de la ciudad de México".

El lugar fue Culiacán, Sinaloa, donde conoció a una jovencita que pronto le hizo olvidar a 'La Cucus'.

FUE NOVIO DE PINA PELLICER

A finales de los 40, Roberto Gómez Bolaños ingresó a la Facultad de Ingeniería de la Universidad Nacional Autónoma de México (UNAM), cuyas instalaciones estaban ubicadas en el Palacio de Minería de la ciudad de México. Entonces su corazón pertenecía a una linda adolescente llamada Josefina Yolanda Pellicer López de Llergo, quien años después se daría a conocer con el nombre artístico de Pina Pellicer.

"¡Me traía loco! Me bastaba verla para que mi corazón iniciara singular galope", recuerda Gómez Bolaños al referirse a la también sobrina del poeta Carlos Pellicer, quien inició su carrera como actriz al protagonizar en 1960 la cinta 'Macario', al lado de Ignacio López Tarso.

En la casa de estudios se organizaba anualmente un gran baile siempre amenizado por las orquestas de mayor renombre. A uno de ellos asistió con su novia, no sin antes haber hecho uno y mil esfuerzos para comprar el par de boletos y lucir un traje de su hermano Francisco que su mamá arregló con enorme dedicación agregándole terciopelo a las solapas.

"Había dos orquestas; la principal era dirigida por Juan García Esquivel quien, escudado en su fama de conquistador, se empeñó en buscar la mirada de la aun más alegre Pina Pellicer, de entonces 14 ó 15 años, pero que ya sabía desparramar toda la coquetería que dominan las mujeres que se saben atractivas".

Desmotivado por el infame coqueteo, Roberto no encontró mejor consuelo que beber cuanto pudo en los descansos. Eso le dio valor para, de pronto,

interrumpir el baile y pedir a su novia que esperara en la pista. Subió al estrado y, con un sonoro '¡Trae acá!', le arrebató la batuta a su rival en turno.

"'¡Eso es!', me dijo. 'Ya decía yo que un estudiante de este plantel podía dirigir mi orquesta tan bien o mejor que yo'. Me dio una palmada en el hombro y me dejó ahí, frente a sus músicos, bajó de la tarima y se puso a bailar con Pina", y, aunque en su autobiografía 'Sin querer queriendo' no refiere más detalles, es lógico pensar que la relación terminó ahí.

El 4 de diciembre de 1964, Roberto Gómez Bolaños se cimbró al enterarse que la protagonista de aquel amor de juventud, y ya con una prometedora carrera como actriz en el plano internacional, se había quitado la vida motivada por una depresión.

"MI PRIMERA ESPOSA, UNA GRAN DAMA"
No pasó mucho tiempo de aquel penoso incidente en el Palacio de Minería para que Roberto conociera a Graciela Fernández, días antes de que ella cumpliera 15 años. Él rebasaba ya los 22, por lo que nunca imaginó lo que aquella jovencita llegaría a significar en su vida futura.

De hecho, él se enteró de la diferencia de edades que había entre ellos hasta que ya eran novios. "Todo surgió casualmente pues antes, al poco tiempo de conocernos, le pedí que anduviéramos, pero me botó. Al darse cuenta de que me encogía de hombros con gesto de resignación, me decía: 'Lo último que muere es la esperanza'".

Él volvió a insistir semanas después, y Graciela también estuvo a punto de rechazarlo. Pero en ese momento pasaba por ahí 'La Cucus', aquella novia que le había robado por primera vez el corazón a su pretendiente. Eso le hizo cambiar de opinión y darle el sí. Claro, al principio él sintió remordimiento por andar de asaltacunas, pero el amor pudo más, y la relación continuó a lo largo de cuatro años hasta que en 1956 llegaron por fin al altar.

"Una vez terminamos, y entonces me di cuenta de que estaba enamorado, pues su ausencia me resultaba dolorosa. Le pedí que volviéramos, a lo cual accedió reconociendo que ella también estaba muy enamorada de mí. El siguiente paso estaba marcado: nos casaríamos".

Debido a su estrechez económica, la boda fue muy sencilla y se fueron de luna de miel a Acapulco. Su felicidad alcanzó su grado máximo cuando en 1957 nació Graciela Emilia, la primera de sus seis hijos. A ella le siguieron Cecilia del Sagrado Corazón, Teresita del Niño Jesús, Marcela, Roberto y Paulina.

Sin embargo, el exceso de trabajo que conllevó su incursión como escritor de televisión y las giras constantes que implicó su posterior éxito como actor de series cómicas, fueron abriendo paulatinamente una zanja cada vez más ancha y profunda entre ellos, y de la cual no se dieron cuenta. Lo anterior pese a que él era un hombre enamorado de su mujer y un padre que acostumbraba a jugar con sus hijos y leerles cuentos.

1954

Ingresó a la agencia de Publicidad D'Arcy, donde inició la carrera literaria que lo conectó con la radio y la televisión, convirtiéndose también en destacado guionista de cine. Su primer éxito en la pantalla chica fue el programa 'Cómicos y canciones', con 'Viruta y Capulina'.

Su primera boda.
En 1956 Roberto Gómez y Graciela Fernández contrajeron matrimonio religioso en la ciudad de México, luego de cuatro años de noviazgo. Doña Elsa (derecha) siguió muy de cerca la ceremonia, tras la cual los desposados disfrutaron de una austera, pero divertida luna de miel en Acapulco. Foto: Archivo Familia Gómez Bolaños.

"Pero yo me aburría en los círculos que Graciela frecuentaba, y ella rechazaba los que conformaban mi mundo. Pero lo más probable es que a mí me correspondía la mayor parte de culpa, pues mientras ella mostraba simplemente falta de interés, mis errores abarcaban hasta la infidelidad. Eso ocurrió por una circunstancia especial: a raíz del nacimiento de mi sexta hija, y por sugerencia del doctor que atendió a Graciela, me sometí voluntariamente a la vasectomía, de modo que no podía embarazar a una mujer. Y como en las giras éramos asediados por damas que nos solicitaban un testimonio más íntimo en nuestras habitaciones de hotel, pues… Yo a veces me dejaba querer, pero un poquito nada más".

Pero él, dice, habría cambiado todas esas aventuras por cualquier migaja de amor de una mujer que, poco a poco, se convirtió en su sueño imposible: Florinda Meza.

"No podría decir que mi primer matrimonio haya sido un error, sino más bien la caída de ese matrimonio. Mi primera esposa, la madre de todos mis hijos, es una gran dama. La sigo queriendo. Ya no es mi mujer pero, como a una hermana, la quiero mucho y la apoyo en todo lo que puedo", comentó en entrevista para una televisora norteamericana.

PRETENDIÓ A FLORINDA MEZA ¡10 AÑOS!

Fue en 1968 cuando Roberto Gómez Bolaños conoció a Florinda Meza. Él llegó a las instalaciones de Televisión Independiente de México (TIM), donde laboraba, y ella grababa un programa llamado 'La media naranja', protagonizado por Fernando Luján. Interpretaba un monólogo caracterizada de un personaje muy similar a 'Doña Florinda', y a él le impresionó lo bien que lo hacía.

Al llegar al foro, el comediante se topó con el director de cámaras quien le dijo que buscara una actriz con facultades para incorporarse al elenco de 'Chespirito'. Roberto no dudó en que se contratara a Florinda, aunque quizá ya motivado en que aquella jovencita de 20 años algo le había dejado en el corazón.

Su más preciados tesoros.
En 23 años de matrimonio, la pareja crió seis hijos: Graciela, Cecilia, Teresita, Marcela, Roberto y Paulina (en el recuadro). A raíz del nacimiento de esta útima, y por consejo médico, el comediante se sometió a la vasectomía.
Fotos: Archivo Familia Gómez Bolaños.

"Florinda era una de esas mujeres que pasaban allá de una en una, y que los hombres la seguían de tres en tres, mirándole lo que tenía de dos en dos. Al paso de los años en que seguimos trabajando juntos su esencia me inundaba cada vez más, pero yo tenía que ahogar mi sentimiento en silencio. Mi condición de jefe era la barrera ética que me impedía intentar cualquier aproximación que rebasara los límites de un trato decoroso y honesto. Lo que me enamoró de ella es que tiene muchas cualidades, además de cantar y bailar, también escribe. Me enamoré de ella y sigo enamorado".

Debieron transcurrir 10 años para que se diera el chispazo que transformó la vida de ambos actores. Ocurrió en 1978, durante una gira por Chile. El elenco llegó al hotel y, como acostumbraban al término de cada presentación, cenaron y conversaron algunos minutos. Poco a poco sus integrantes se retiraron a sus habitaciones hasta que, sin acuerdo alguno, se quedaron ambos disfrutando de la música en vivo. Aunque en otras ocasiones ya habían bailado, Roberto sintió que ese momento era especial, pero no tuvo el arrojo de invitarla a bailar. Fue más por impulso y sin mediar palabra que la tomó del brazo y la condujo a la pista…

"Ella se dejó llevar, pero viéndome con sorpresa. Empezamos a bailar sin decir más nada. La música

me permitió tenerla más cerca que nunca… a tal grado que no tardé en disfrutar la suavidad de su mejilla apoyada en la mía, y después que el roce de nuestros cuerpos se convertía en el más placentero de los contactos…".

Así permanecieron hasta que se anunció que había llegado la hora de cerrar el bar… y entonces las palabras rompieron el pesado silencio…

"Cuando estábamos todos me comentaste que tenías hambre… Parecía que ibas a añadir algo y, de pronto te quedaste callado. ¿Qué ibas a decir?", le preguntó Florinda.

"Una tontería. Es que comentaron los muchos besos que nos dan las admiradoras, y comenté que ahora no me tocó ninguno, precisamente hoy, cuando estoy hambriento de besos. Por eso dije que tenía mucha hambre", respondió Roberto.

Volvió a reinar un largo silencio, que rompió una propuesta de Florinda que fue muy difícil rechazar: "Si quieres besar a alguien, ¿por qué no me besas a mi?".

"¡Y claro está que la besé!".

1956
Contrajo matrimonio con Graciela Fernández, con quien procreó seis hijos: Graciela Emilia, Cecilia del Sagrado Corazón, Teresita del Niño Jesús, Marcela, Roberto y Paulina. El 29 de abril, María Antonieta de las Nieves debuta como actriz en el programa 'Teatro fantástico'.

Espectacular belleza.
Así lucía Florinda Meza a los 27 años de edad, y 'Chespirito', nada perdido, ya andaba tras sus huesitos y hasta poemas le dedicaba (texto adjunto). Las giras que hacían juntos por países de Latinoamérica, terminaron por acercarlos como pareja en 1977, y en 2004 decidieron contraer matrimonio civil en un ceremonia íntima realizada en la ciudad de México. Fotos: Archivo Familia Gómez Bolaños.

"ERA MUY COQUETO": FLORINDA MEZA

Entrevistada en 2004, durante un homenaje que le rindieron a Roberto Gómez Bolaños en Colombia, Florinda Meza reconoció que fue muy largo y persistente el cortejo del comediante.

"Pero andaba con tantas que dije: '¡Ay no! ¿Ser una más en la lista? No, ni de chiste'. Además pensé: 'Donde algo falle, ¡me quedo sin señor y sin trabajo! Entonces le costé mucho trabajo al pobre. Pero, repito, él tenía muchas amigas, pero afortunadamente ya no fueron en mi tiempo".

"Con ella cambió mi manera de ser, porque me hice fiel, cien por ciento fiel. Las mujeres eran mi vicio hasta que llegó Florinda. Con ella tengo todo y, cuando eso ocurre, uno no se expone", admitió Gómez Bolaños, cuyo talento y caballerosidad fueron los principales factores para que la actriz se fijara en él.

"Desde que llegué al programa lo admiré, porque sus libretos estaban tan bien escritos, que era fácil memorizarlos, pero admiré, sobre todo, que me cortejara tanto sin caer en el acoso; era galante, respetuoso y tremendamente coqueto. Sería muy difícil amar a alguien mucho tiempo sin admirarlo. Todos los seres humanos tenemos algo admirable, y debemos tener la sensibilidad para encontrarlo y saber que eso y esa persona son tu otra mitad".

Pero las constantes pruebas de amor de él hacia la actriz, manifestadas gracias a su vena poética, han sido determinantes para que la relación superara la diferencia de edades. Para muestra, hay varios poemas que él le escribió.

Por otra parte, lo que mucho sigue agradeciendo Roberto a ella es que haya aceptado compartir su vida con él, aun sabiendo que, por razones médicas, ya había recurrido a la vasectomía, y con ello no tenía posibilidad alguna de convertirse en madre. "Todo eso hace que crezca sin límites el reconocimiento de lo mucho que le debo agradecer".

Cabe aclarar que, durante la grabación de la telenovela 'Milagro y magia', Florinda debió soportar intensos dolores en la región abdominal, mismos que ignoró pese a la advertencia médica. Y fue hasta que concluyó el compromiso que se sometió a lo que era inevitable: una operación en la que le fue extirpada la matriz.

Ante esta situación, no es extraño que, cuando alguna vez le preguntaron a ella qué locura haría, respondiera: '¡Caray!, pues adoptaría muchos hijos".

'CHESPIRITO' SE DIVORCIÓ 27 AÑOS DESPUÉS

Pasaron muchos años hasta que, un día de 2004, Florinda le dijo: "Oye, mi Rober: toda la gente dice que somos una gran pareja, que somos un ejemplo para todos los matrimonios, especialmente ahora que todo el mundo se divorcia...".

"Yo creo que deberíamos casarnos", le respondió él.

"Pues yo también creo eso, pero antes sería necesario que te divorciaras".

"¡Ándale!", asintió Gómez Bolaños, y hasta entonces se divorció.

Así, después de 27 años de convivencia, la pareja contrajo matrimonio civil el 19 de noviembre de 2004. Celebrada en un exclusivo restaurante de la ciudad de México, la ceremonia fue estrictamente íntima. Sólo asistieron familiares muy allegados, además de un reducido grupo de amistades que figuraron como testigos del enlace.

Hace cuatro años, al celebrar los mismos como marido y mujer, Roberto Gómez Bolaños le refrendó su amor a la actriz de la misma manera que lo hace cada mañana: "Me dijo las mismas frases de ayer, que sigo siendo todo un espectáculo ante sus ojos, porque me considera una belleza. Me dice también que soy más bonita aún por dentro que por fuera. Se lo agradezco mucho; sólo alguien que te ama te dice todo eso".

"NOS TIENEN ENVIDIA"

Claro, hasta hace un tiempo ella no dejaba de utilizar sus armas de seducción: "Yo quiero verme bonita siempre y soy coqueta. Hasta la fecha le coqueteo a mi Rober, y ni les digo como... A veces salgo de la bañera, y me paseo para que me vea. Me gusta verme bien y que él me diga cosas bonitas. Mi mayor satisfacción es que lo sigo conquistando cada día, que lo tengo junto a mí cada noche, que lo respiro en la madrugada. Lo respiro porque siento su olor, su intimidad...".

Tener afinidad en muchos aspectos, evitar el aburrimiento "enemigo principal de las parejas", no enojarse, siempre ceder uno ante el otro, son los factores que les han permitido permanecer tanto tiempo juntos y felices.

Eso sí, sólo una restricción le ha impuesto él: no pintarse la boca por una simple y sencilla razón: "La mujer debe saber a mujer, y no a lápiz labial", ha dicho infinidad de ocasiones Roberto Gómez Bolaños, quien hace oídos sordos y toma con filosofía los recurrentes comentarios respecto a que es maltratado por su esposa.

"Dicen que me trata muy mal y que me golpea, y eso es muy absurdo. Si alguien me ha cuidado y me ha querido, en las buenas y

1957

Se filmó su primer guión cinematográfico: 'Los legionarios', bajo la dirección de Agustín P. Delgado, quien dio pie para forjar el apodo de 'Chespirito'. María Antonieta de las Nieves actuó también en su primera película: 'Pulgarcito'.

en las malas, es ella. En ella encontré mi complemento ideal, y su trato es insuperable. Soy un hombre feliz. Quienes han dicho esas cosas, que Dios los perdone; tienen envidia de que yo sea famoso y que ella esté a mi lado. Sólo la muerte o Shakira (la cantante colombiana que hipnotiza con su movimiento de caderas) podrán terminar con nuestro matrimonio".

Esta es la única mujer con quien 'Chespirito' le sería infiel a Florinda Meza. Es la actriz italiana Sofía Loren, a quien él considera "La obra de arte más grande del cine, más que cualquier película y que cualquier otra cosa. Es una belleza excepcional, a pesar de que tiene mi edad más o menos, pero se conserva bellísima".

La fama lo atrapó

sin querer queriendo

Entre los múltiples pasatiempos que Roberto Gómez Bolaños encontró en su juventud figuró colaborar en un periódico distribuido semanalmente en un sector de la ciudad de México. Escribía una columna llamada 'Cuartilla loca', cuya cuota de humorismo le ayudó a cambiar su destino un día de 1954.

Él trabajaba en 'La consolidada', fábrica de productos de acero, calculando cuántos remaches debían llevar cada una de las viguetas. Entonces vio en un periódico que solicitaban un aprendiz de productor de televisión y uno de escritor, y pidió esta última vacante en la agencia de Publicidad D'Arcy.

"No hubo recomendación ni nada. Fui y las oficinas estaban en una casa que tenía una escalinata doble. En una estaba una fila que llegaba a la calle; debió haber unas 200 personas, y en la otra una filita de 15 a 20 personas; me formé en ésta última, que era la de aprendiz de escritor, entonces quizá por eso ahora soy escritor", explicó el comediante en uno de sus múltiples homenajes.

> **En realidad, yo soñaba muy poco, tenía pocas ambiciones y el éxito me sorprendió. Nunca me imaginé el futuro así, y qué bueno, porque eso evita muchos descalabros**.

Pero la suerte no fue el único factor determinante. Como prueba llevó varios ejemplos de su columna 'Cuartilla loca', "aunque a lo mejor me dieron el empleo porque era el que menos cobraba. La paga mensual era de 350 pesos, contra los 600 que cobraba en 'La consolidada'".

El trabajo le fascinó por la diversidad de labores que desempeñaba, y sus patrones y clientes apreciaron su originalidad lo mismo en frases para comerciales, anuncios espectaculares, folletos, carteles, letras de *jingles* para distintos productos y programas de radio y televisión.

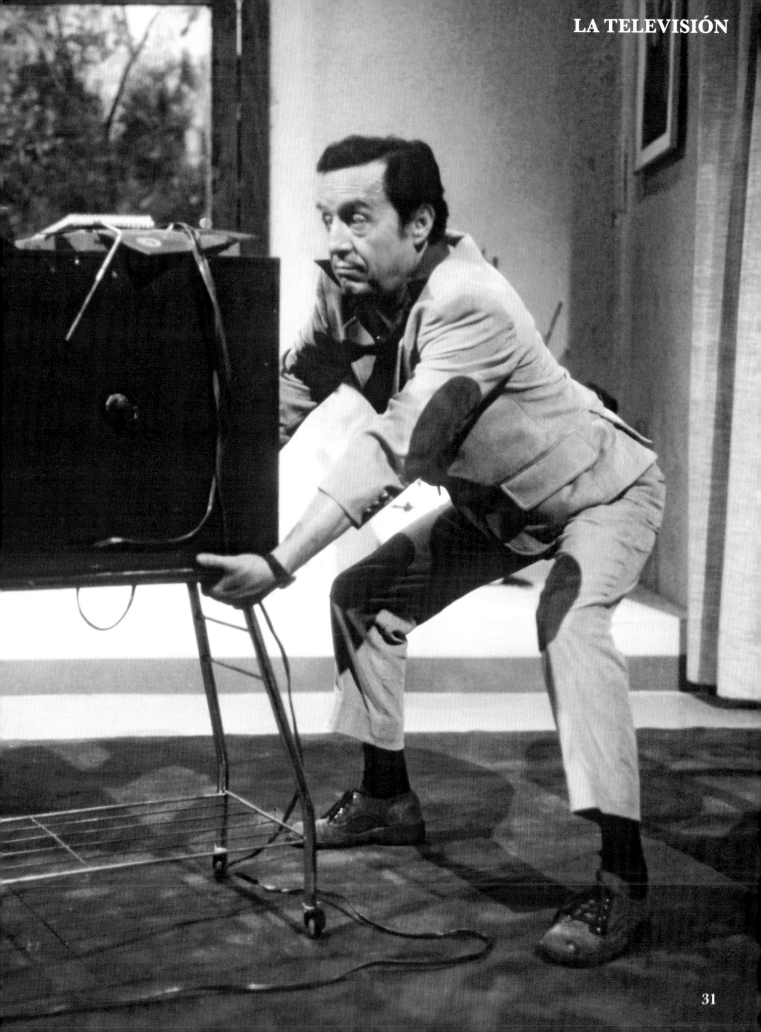

"Recuerdo haber escrito la letra de un buen número de *jingles* para Chiclet's Adams, la mayoría interpretados por el trío tamaulipeco de los hermanos Samperio. Siempre presumo un eslogan: 'Camión Chevrolet: rinde más y jamás se rinde'".

Y aunque la publicidad le brindaba un prometedor futuro, dentro de él empezó a rondar la idea de consagrarse como escritor de obras de teatro (en su adolescencia lo había hecho con pequeñas obras que representaba con sus amigos 'Los Aracuanes'), la cual floreció durante su estancia en Publicidad D'Arcy. Por ello, empezó a leer por su cuenta libros de ortografía y redacción, para conocer y dominar lo mejor posible el idioma.

Una de las primeras encomiendas fueron los libretos del programa de radio 'Galería musical', cada una de cuyas emisiones estaría dedicada a un compositor famoso, incluyendo tres o cuatro de sus creaciones más populares y la dramatización de algunas anécdotas. Para lograrlo, debía entrevistar a los protagonistas, gracias a lo cual conoció a Manuel Esperón y Agustín Lara, entre otros.

"CÓMICOS Y CANCIONES"

Su facilidad para abordar el humor, sin embargo, no pasó inadvertida para los ejecutivos de la agencia de publicidad, principalmente para su propietario Carlos Riverol del Prado, también creador de las series de radio 'El Monje Loco' y 'Carlos Lacroix'.

"Un día me dijeron: 'Usted, que tiene cierto sentido del humor, qué tal si escribe rutinas cómicas de radio para 'Viruta y Capulina''. Yo dije: '¡¿Quiénes son esas señoras?!', porque me sonaban a mujeres. Me dijeron: 'No son señoras, son señores que forman una pareja de excéntricos musicales y están empezando a tener éxito en la XEW' (entonces la estación más escuchada a mediados de los 50)".

Ni tardo ni perezoso, acudió a la sede de 'La voz de la América Latina desde México', donde conoció personalmente a Marco Antonio Campos y Gaspar Henaine, intérpretes de la popular pareja que le solicitó el guión para el programa que se transmitía los domingos a la 21:15 horas.

"A decir verdad, me parecieron muy simpáticos, y eso me facilitó la tarea. Luego cuando escuché el programa, me di cuenta de que la gente había reído mucho con mis chistes. Con tal estímulo escribí más guiones y no sólo los buenos comentarios aumentaron, sino el tiempo de transmisión. Entonces el programa sólo duraba quince minutos, pero el patrocinador decidió alargarlo a media hora, y se instaló en el primer lugar".

Y si esto no fuera suficiente, el mismo patrocinador le preguntó si sería capaz de escribir algo semejante para la televisión. Así, en 1958. 'Viruta y Capulina' irrumpieron en la televisión con 'Cómicos y canciones Adams', que transmitía Canal 2 de Telesistema Mexicano. La emisión pronto se convirtió también en la más popular de la televisión mexicana, y Roberto Gómez Bolaños en el escritor más solicitado y mejor pagado de todos.

Un año antes, había empezado a escribir guiones para cine, donde, desde su primera película 'Los legionarios' (1957) fue bautizado como 'Chespirito'. Y, dado el éxito televisivo de 'Viruta y Capulina', los productores apresuraron su lanzamiento estelar en la pantalla cinematográfica, donde también se convirtieron en poco tiempo en grandes estrellas taquilleras, obviamente también cobijados por los guiones de Roberto.

En esa época, la mancuerna cómica se tomaba dos o tres meses al año como descanso, tiempo durante el cual se contrataban a otras figuras en el programa, como Pompín y Nacho, los bailarines Corona y Arau y Las Kúkaras, entre otros, a quienes él le escribía sus rutinas.

La fortuna le sonrió. En tan sólo tres años, la carrera de nuestro homenajeado escaló aceleradamente a la popularidad, volviéndose en patiño de la gran mancuerna cómica integrada por Gaspar Henaine 'Capulina' y Marco Antonio Campos 'Viruta', así como guionista de programas en los que aparecieron Alfonso Arau y Sergio Corona (foto izquierda).

1959
Debutó como actor de cine interpretando un villano en la película 'Dos criados malcriados', de Agustín P. Delgado, acompañado de Marco Antonio Campos y Gaspar Henaine.

Nace una estrella.

Cierta ocasión, un actor de 'Cómicos y canciones' no se presentó en el estudio de televisión. Entonces el director de Producción, apremiado por sacar a tiempo el programa al aire, le pidió actuar. 'Capulina' le secundó y Roberto repasó el texto que él mismo había escrito. La personalidad impresa en cada una de sus interpretaciones cautivó al público. Así inició su carrera en la actuación.

Tuvo un gran maestro. Alguna ocasión se topó con Paco Malgesto, quien le compartió algunos de los muchos secretos que le permitieron llegar a grandes alturas (foto derecha). Pedro Vargas también le dio lecciones para triunfar y, por lo visto, las aprovechó muy bien (foto superior).

ÉL MISMO SE HIZO ACTOR

En medio de este éxito, Roberto pensó que el resto de su vida se dedicaría unicamente a escribir, pero un imprevisto cambió de nuevo su futuro, en el cual él nunca se vislumbro como actor: "¿Hacer yo el ridículo frente a la gente? ¡Jamás!".

Cierta ocasión, un actor de 'Cómicos y canciones' no se presentó en el estudio de televisión. El director de Producción, Mario de la Piedra, apremiado por sacar a tiempo el programa al aire, pidió a Juan 'El Gallo' Calderón que le pidiera actuar.

Días antes, Gaspar Henaine le había pedido también interpretar papeles pequeños: "¡Házlos tú, Chepi!", le decía.

Roberto repasó el texto que él mismo había escrito y, por si las dudas, antes de salir a escena, colocó papelitos en distintos puntos tras las cámaras, para recordar sus parlamentos.

La personalidad impresa a cada una de sus interpretaciones, obtuvo también una reacción positiva por parte del público. Además, al finalizar el programa, sus compañeros lo felicitaron y animaron para seguir actuando, y desde entonces se asignaba papeles en cuanto guión escribía. Eso sí, como sus nociones de actuación eran nulas, leyó algunos libros y aprendió conceptos básicos, y se hizo actor autodidacto.

"Hice toda clase de personajes, algunos espantosos en cine y en televisión, pero empecé a distinguirme por la agilidad. Los deportes que había practicado durante mi vida (boxeo, futbol, natación, clavados y atletismo), me ayudaban a hacer muchas cosas: caídas buenas, brincos… Los pleitos callejeros también me ayudaron mucho, porque sabía pelear, sabía cómo dar un golpe, pararlo… y también cómo recibirlo".

Un año después, en 1959, debuta como actor de cine en la película 'Dos criados malcriados', de Agustín P. Delgado, donde, cosa curiosa, interpretó un villano.

Al paso del tiempo también le encargaron los libretos del programa 'Estudio Raleigh de Pedro Vargas', y, al poco tiempo, éste y 'Cómicos y canciones'

ya competían por el primer lugar de audiencia. En el primero figuraba, por supuesto 'El Tenor Continental', Paco Malgesto, Daniel 'Chino' Herrera y León Michel, producido por Mario de la Piedra y Guillermo Núñez de Cáceres.

Pero el éxito forjado por 'Viruta y Capulina' se convirtió en el peor enemigo de la mancuerna, las relaciones entre ambos empezaron a andar mal y, aunque llegaron a un arreglo económico, llegó la separación definitiva de la pareja. Pese a ello continuó 'Cómicos y canciones'.

"La verdad, no fue difícil seguir trabajando en el programa, pues Gaspar seguía haciendo gala de aquello que para muchos era una gracia natural", cuenta Roberto Gómez Bolaños. Además, se buscó apoyarlo con grandes figuras. Una de ellas fue la estrella del cine italiano Gina Lollobrigida, quien alternó en el foro durante un mes. Sin embargo, el recelo mostrado por Capulina ante la creciente simpatía de su libretista y compañero también resquebrajó su relación, por lo que 'Chespirito' decidió renunciar a 'Cómicos y canciones' y seguir escribiendo otros programas, como 'El estudio de Pedro Vargas', 'El Yate del Prado', estelarizado por Panseco, y 'Alegrías musicales Adams', con César Costa y Alejandro Suárez, y más películas en el cine.

Conoció a grandes personalidades.
Figurar como libretista del programa 'Estudio Raleigh de Pedro Vargas' le permitió codearse con figuras como Daniel 'Chino' Herrera (foto superior izquierda) y a los boxeadores Vicente Zaldívar y Ultiminio Ramos (foto superior).

ELOGIO INOLVIDABLE
Cuando Gina Lollobrigida actuó en el programa 'Cómicos y canciones', hizo a Roberto Gómez Bolaños de un elogio que le hinchó de orgullo: "Eres un gran escritor y un gran actor".

'El ciudadano Gómez'

Para el inicio de transmisiones del Canal 8, el 25 de enero de 1969, desde los antiguos estudios cinematográficos San Ángel Inn de la capital azteca, los directivos de Televisión Independiente de México (TIM), prepararon un programa de inauguración cuyo guión le encomendaron al escritor de moda: Roberto Gómez Bolaños.

Además de eso, le encargaron escribir una serie humorística en la que el protagonista fuera uno de esos tipos que se meten en todo para defender a los más necesitados. Así surgió la serie titulada 'El ciudadano', a cuyo creador le pidieron escribiera un diálogo breve. Lo hizo y, al entregarlo, preguntó para qué lo utilizarían.

"Me respondieron que serviría para hacer un casting, en el que, por supuesto, me incluí. Todos los que interpretamos el personaje, lo mismo actores conocidos que desconocidos, contamos con la ayuda de Rubén Aguirre; aquella fue la primera ocasión en que él y yo actuamos juntos. El veredicto estuvo a cargo de ejecutivos de TIM, quienes se decidieron por mí, sólo que me pidieron que el título debía completarse con el apellido del ciudadano en cuestión. Y como dejaron la elección a mi cargo, le puse el mío", cuenta 'Chespirito'.

La trama relataba la vida de este personaje que perdió la memoria en un accidente automovilístico, y por ello se entromete también en situaciones cómicas en su afán por ayudar a los necesitados.

El proyecto de tan sólo 13 programas contó también con la participación de Chava Flores, quien encarnó a diversos personajes que enriquecían el desarrollo de cada capítulo con canciones alusivas a la trama. Esas intervenciones remataban cada uno de los bloques en que se dividía el programa, cuyo tema musical era 'Sábado Distrito Federal', una de sus canciones más famosas.

Y pese a que el proyecto se estrenó hasta varios meses después de ser grabado, como estrategia para competir abiertamente con la programación de Canal 2, se ciñó también el primer lugar de audiencia.

En 1994, ya en las filas de Televisa, Gómez Bolaños retomó el sketch y lo presentó en 'Con humor', programa alterno al de 'Chespirito' que se transmitía los viernes. Justo en el primer capítulo se descubre que el accidente de 'El ciudadano Gómez' fue provocado por un mal servicio en el taller mecánico al que llevó su auto y no le revisaron los frenos.

Su primera serie.
Ahí alternó con María Elena Marqués (arriba, izquierda) y Anabel Gutiérrez, a quien años después incorporaría también en el cuadro de actores que interpretó la segunda temporada de 'Los caquitos'. Ella encarnó a la mamá de 'La Chimoltrufia'.

'Los Súpergenios
de la mesa cuadrada'

Semanas después, el productor de origen cubano Sergio Peña, esposo de Kippy Casado, llamó a Roberto Gómez Bolaños para informarle que haría un programa llamado 'Sábados de la fortuna', cuya transmisión duraría todo ese día, con presentaciones de bailes, canciones, rutinas cómicas, magia y toda clase de concursos y sorteos. Acto seguido, le ofreció dos o tres segmentos de ocho a doce minutos para que hiciera lo que quisiera.

Ahí comenzó a presentar el sketch titulado 'Los supergenios de la mesa cuadrada', una parodia de los programas de mesas redondas entonces en boga, y donde ya se mostraban visos de la comicidad que 'Chespirito' desplegaría.

Además de escribir los libretos, encarnaba a 'El doctor Chespirito Chapatín', viejo distraído y torpe con quien el también actor caricaturizaba a médicos y científicos. Incluyó también a varios de sus compañeros que más tarde formarían parte de su equipo: Rubén Aguirre, bautizado ahí como El Profesor Jirafales; Ramón Valdés, encarnando al ingeniebrio Ramón Valdés Tirado Alanís, y María Antonieta de las Nieves, quien sustituyó a la secretaria Bárbara Ramson en el papel de 'La Mococha Pechocha'.

"Cuando ella llegó al programa me dijo que sólo estaría temporalmente, mientras yo conseguía a una sustituta, pues lo suyo era la tragedia. Después de verla actuar, le hice notar que tenía calidad suficiente para hacer comedia; le extrañó aquello que parecía una especie de reto, pero tomó el toro por los cuernos.

Poco después reconoció que no cambiaría su posición por nada del mundo. Ahí fue donde alcanzó la cúspide de la fama con su inigualable caracterización de 'La Chilindrina'".

El segmento presentaba a los cuatro personajes reunidos en torno a una mesa cuadrada, leyendo cartas y respondiendo al televidente con respuestas absurdas y graciosas. Las preguntas de la supuesta correspondencia eran leídas por Aníbal del Mar, comediante cubano ex compañero de 'Tres patines' en el programa radiofónico 'La tremenda corte'.

La sección alcanzó éxito tal que Televisión Independiente de México le dio oportunidad de tener una serie propia que empezó como 'Los supergenios de la mesa cuadrada', pero el tenor de los chistes y burlas utilizados por sus intérpretes a costa de actores, productores, escritores y diferentes personajes del medio artístico pronto generaron descontento, por lo que los primeros meses de 1971, Gómez Bolaños decidió dejar de realizarlo.

"Me di cuenta de que estaba yo abusando y echando mano de un recurso indebido, porque no tenía derecho a burlarme de la gente. Todos me decían: ¡Estás loco, eso es lo que pega!'. Sí, pero yo ya no quiero hacer este daño".

Entonces la emisión adquirió el nombre de 'Chespirito', y en él pudieron interactuar sus diversos personajes, destacando, en principio, 'El Doctor Chapatín'.

Efímera emisión. Sólo unos cuantos meses duró este espacio en el Canal 8, donde Roberto Gómez Bolaños alternó con algunos de los actores que, años más tarde, formaron parte de su grupo: Rubén Aguirre, Ramón Valdés y María Antonieta de las Nieves (foto superior). Con ellos actuaba el comediante cubano Aníbal del Mar, ex compañero de 'Tres patines' en el programa de radio 'La tremenda corte'. Fotos: Archivo Editorial Televisa.

1962
El 29 de mayo nació su hija Marcela, y elaboró los libretos del programa 'Estudio Raleigh de Pedro Vargas'. Al poco tiempo, éste y 'Cómicos y canciones' ya competían por el primer lugar de audiencia. Actuó por primera vez con Ramón Valdés en la cinta 'En peligro de muerte'.

1966

Mario Moreno eligió los guiones de Roberto Gómez Bolaños para una serie que se llamaría 'El Estudio de Cantinflas'. Finalmente, el patrocinador canceló el proyecto ante las exageradas pretensiones del mimo. 'Chespirito' debuta en teatro con su obra 'Silencio, cama, acción'.

'El doctor Chapatín'

Este personaje ha acompañado a Roberto Gómez Bolaños durante toda su carrera televisiva. Es un viejito tierno, coqueto e hiperactivo que aún ejerce la profesión de médico, a pesar de que ya no está en plenitud de facultades. Su sentido del humor es burlesco, ya no escucha bien, es impaciente y de carácter fuerte. No le hace gracia que lo tachen de viejo, y, si lo hacen, por lo general se enoja y golpea al causante de su molestia con su característica bolsa de papel.

Para interpretarlo en 'Los súpergenios de la mesa cuadrada', Roberto usó la peluca y los bigotes blancos y todo lo que había confeccionado para dar vida a un personaje de un programa piloto titulado 'El Hotel De Kippy', protagonizado por Kippy Casado y Luis Manuel Pelayo.

Se trataba de un viejecito enojón que fallecía en el transcurso de la trama, y que, en principio, había sido encomendado a Arturo Cobos 'Cobitos', pero nunca llegó a la grabación. Entonces Gómez Bolaños entró al quite.

Sólo que para darle algo distinto en 'Chespirito', que después despertó la curiosidad de más de un espectador, le agregó una bolsita de papel en la que, según él, tiene "queles".

"Cuando hacíamos 'Los supergenios de la mesa cuadrada' me di cuenta de que estaba abusando de un recurso indebido, porque no tenía derecho a burlarme de la gente. Desde entonces, en esa bolsita 'El Doctor Chapatín' trae muy bien asegurados el rencor y el veneno que usé en algunos momentos. Ahí quedó bien almacenado el hecho de no hacer chistes a costa de compañeros o de gente conocida", ha contado varias veces.

Generalmente estaba en su consultorio, atendido por sus enfermeras interpretadas primero por María Antonieta de las Nieves y luego Florinda Meza.

'Chespirito'

La nueva etapa de este programa inició el 14 de octubre de 1970, con una hora de duración (de las 20:00 a 21:00 horas), y con el mismo reparto: Rubén Aguirre, Ramón Valdés y María Antonieta de las Nieves con otros actores eventuales, entre ellos Florinda Meza.

Con la desaparición de 'Los supergenios de la mesa cuadrada' surgió la necesidad de crear nuevos personajes, entre los que figuró el propio 'Doctor Chapatín', 'La chicharra' y las parodias de Chaplin, 'El Gordo y El Flaco' y 'Chespirito', personaje que da el nombre al programa, quien aparece como barrendero, mesero, criado y muchos más. Justo en ese espacio surgieron también sus personajes más entrañables: 'El Chapulín Colorado', 'El Chómpiras' y el multipremiado 'Chavo del ocho'.

1968

Televisión Independiente de México (TIM) le ofreció dos breves espacios televisivos para su sketch 'Los supergenios de la mesa cuadrada', donde crea sus primeros personajes: 'El Doctor Chapatín' y 'El Profesor Jirafales'. El 22 de diciembre murió su madre, víctima de cáncer.

Sketches de lujo.
Parodias de Charles Chaplin, 'El Gordo y El Flaco' y Napoleón Bonaparte revelaron el talento de Gómez Bolaños, quien complementó su cuadro de actores con Edgar Vivar y Florinda Meza, de quien desde entonces se enamoró.

Estos fueron villanos contra quienes luchó

Piratas
'Alma Negra'
'Sabandija'
'Matalote'
'Panza Loca'
'El Ajonjolí'

La Banda
'El Tripaseca'
'El Cuajinais'
'El Chori'
'La Minina'

Viejo Oeste
'El Rascabuches'
'Rosa, La Rumorosa'
'El Matoncísimo Kid'

Otros
'El Zopilote Mojado'
'La Bruja Baratuja'
'Pocas Trancas'
'Mano Negra'
'Raja de Kalambur'
'Dimitri Panzov'
'Carne Seca'

'El Chapulín Colorado

En 1970, dentro del programa 'Chespirito', se transmitió el primer sketch de este simpático héroe mexicano de buen corazón que siempre se metía en situaciones cómicas. Era una parodia a las series de los súper héroes norteamericanos que Roberto Gómez Bolaños escribió, derivado del guión para una película con este personaje.

Su historia comenzó cuando un científico agonizaba y, no teniendo a quién heredarle su máxima invención, convocó a que la gente fuera a verlo para elegir a quién dejarle su patrimonio: unas pastillas que permitían, a quien las ingiriera, reducir el tamaño de su cuerpo. El único requisito era que el elegido debía ser enteramente honesto, y ese fue 'El Chapulín Colorado'.

"Él no tenía las propiedades extraordinarias de los héroes. Era tonto, torpe y miedoso, pero superaba el miedo y se enfrentaba a los problemas, y en eso consiste el heroísmo y la humanidad".

Armado con su chipote chillón, se presentaba en las situaciones más inesperadas tan sólo con invocarlo con un acongojado: '¡Oh, y ahora... ¿Quién podrá defenderme?!'. Entonces apare-

> *'Ese personaje me divierte mucho y lo extraño; de hecho, es el que podría yo hacer, incluso, de viejito. Tengo el traje guardado, y claro que me lo pondría'.*

cía respondiendo '¡Yo!', y era recibido con júbilo por quien lo invocaba: '¡El Chapulín Colorado', mientras él se pavoneaba con un regocijante '¡No contaban con mi astucia!'.

Su fuerte era la determinación que le ayudaba a solucionar los problemas y ganarse el reconocimiento: '¡Eres lo máximo, Chapulín Colorado!'.

El primero de septiembre de 1972 se estrenó su propia serie a las 20:30 horas por Canal 8, justo cuando en Canal 2 se presentaba el programa de moda: 'Teatro Fantástico', con Enrique Alonso 'Cachirulo', y fue un trancazo.

CON ÉL INICIARON PRESENTACIONES

En principio su nombre sería 'El Chapulín Justiciero' y su indumentaria de color verde, pero hubo inconveniente de presentarlo así por cuestiones técnicas.

45

1970

Dentro de 'Chespirito' creó al 'Chapulín Colorado', cuyo éxito en televisión fue impactante, así como a 'Los caquitos', su sketch favorito. Iniciaron entonces las presentaciones de su grupo de actores en diversos estados de la república mexicana.

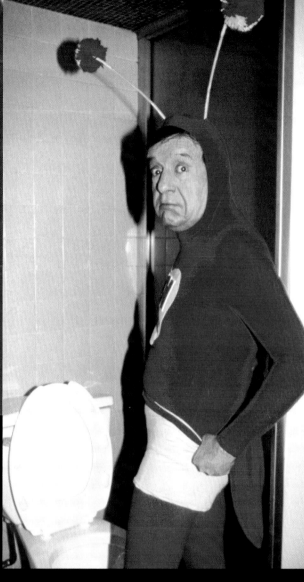

FRASES:
'¡Síganme los buenos!'
'¡Calma, calma, que no panda el cúnico!'
'Ya lo dice el viejo y conocido refrán...'
'Se aprovechan de mi nobleza'

'Lo sospeché desde un principio'
'¡No contaban con mi astucia!'
'Todos mis movimientos están fríamente calculados'
'Yo opino...'

"Yo daba por hecho que debería ser verde, pero las mallas sólo se encontraban en cuatro colores: negro, blanco (que era demasiado reflejo para la iluminación de la televisión); azul, inapropiado para los trucos de Kroma key que planeaba utilizar, y rojo, que también presentaría problemas técnicos, pero que yo no sabía", ha explicado en repetidas ocasiones Roberto Gómez Bolaños.

Este se complementó con el pantaloncillo amarillo, el corazón del mismo color en el pecho con las letras Ch en rojo, zapatos tenis amarillo y rojo y la capucha de la que surgían el par de antenitas de vinil. En principio llevó también un par de alas, pero pronto las eliminó, ya que no tenían utilidad alguna y estorbaban a la hora de actuar.

fuerte que un ratón, más noble que una lechuga, su escudo es un corazón… Es ¡El Chapulín Colorado!". Así se presentaba el personaje al iniciar la serie cuyo éxito fue inmediato e impactante, abriendo las presentaciones del grupo dentro y fuera del país.

En todos sus capítulos 'El Chapulín Colorado' se enfrentaba a una galería de villanos de las más diversas calañas, y con frecuencia atrapaba a las personas inocentes y dejaba ir a los criminales, en situaciones siempre graciosas. Al final, todo se aclaraba por algún accidente debido a sus errores.

La serie se grabó hasta el 14 de octubre 1979, justo el año en que Roberto Gómez Bolaños cumplió 50 de edad tras haber escrito y protagonizado

EN ESTO CONSISTÍAN SUS SUPERPODERES

ANTENITAS DE VINIL: Estaban situadas en su cabeza y detectaban la presencia del enemigo, llamadas de auxilio, así como cualquier idioma del universo. También le servían como radio de dos bandas y eran su punto débil, ya que, cuando alguien las tocaba, él perdía poder.

CHIPOTE CHILLÓN: Era su arma principal. Parecida a un martillo, con ella golpeaba tanto a los malosos como a las víctimas. Al hacerlo se escuchaba un sonido muy característico en sus series.

CHICHARRA PARALIZADORA: Es una corneta manual con la capacidad de inmovilizar a sus enemigos, animales o cosas. Al sonar una vez, los objetos se paralizan, y vuelven a su estado normal sonándola dos veces.

"Para entonces, mi condición física y agilidad se habían ido quedando en el arcón de los recuerdos. Yo había sido muy deportista, y eso me facilitaba interpretarlo. Pero con el tiempo perdí esas facultades. De modo que lo aconsejable fue que mi querido personaje gozara también de merecida jubilación. Siempre he criticado a quienes se aferran a los pasados gloriosos. Decidí hacer otras cosas, y hoy estoy escribiendo", cuenta su protagonista quien, pese a ello, siguió presentándolo dentro de la segunda etapa de la serie 'Chespirito' hasta 1993.

PASTILLAS DE CHIQUITOLINA: Contenidas en un frasco que guardaba en la parte trasera de su cintura, lo reducían de tamaño, a una estatura aproximada de 20 centímetros, para entrar a sitios insospechados. Su efecto sólo duraba unos minutos.

'El chavo del ocho'

En este sketch, 'Chespirito' interpretaba el papel de un niño que vivía en una vecindad mexicana, y obtuvo éxito quizá porque, por primera vez, se abría en nuestro país un espacio humorístico dirigido al público adulto, pero personificando niños.

Roberto Gómez Bolaños creó la escenografía con bajo costo de utilería y empezó a armar el elenco con el que pronto se consolidó como el programa número uno de la televisión humorística. El 20 de junio de 1971 inició aventura como programa, y sus personajes se popularizaron y metieron en el corazón de varias generaciones latinoamericanas.

Entonces la audiencia de 'El Chapulín Colorado' y 'El Chavo del ocho' llegó a registrar niveles tan altos, que superó al Canal 2, ¡algo nunca visto! Emilio Azcárraga Milmo, presidente de Telesistema Mexicano, le hizo una jugosa oferta a su protagonista para dejar el Canal 8 e irse a trabajar con él: el doble de sueldo por programa y 300 mil pesos en efectivo, lo que se logró luego de varios estira y afloja. La etapa de Roberto Gómez Bolaños con su primera empresa concluyó el 25 de abril de 1973, una vez que ésta se fusionó con Telesistema Mexicano para formar Televisa.

Ya programada en Canal 2, la serie llegó a límites de popularidad insospechados lo mismo en México que en Centro y Sudamérica. Ante tal exigencia del público, 'Chespirito'

> " Este personaje era el mejor ejemplo de la inocencia e ingenuidad propias de un niño, y lo más probable es que esa característica haya sido la que generó el gran cariño que el público llegó a sentir por él "

se dividió en dos series de media hora dedicadas a cada uno de los personajes. Así llegó también el primer contrato para actuar en Guatemala y luego el resto del continente.

Después de que 'El Chapulín Colorado' y 'El Chavo' finalizaron en 1979 y 1980, respectivamente, en enero de este último año se renovó el concepto de 'Chespirito', sus programas volvieron a reunirse en una hora semanal y se adicionaron nuevos personajes, entre ellos las ya empleadas parodias de Chaplin y 'El Gordo y el Flaco' y 'Los caquitos' que, en voz del propio Roberto Gómez Bolaños, fue su hit.

50

FRASES.
"¡Bueno pero no se enoje!".
"¡Eso, eso, eso, eso...!".
"¡Se me chispotió!".
"Ahora si te tocó el ocho".
"Es que no me tienen paciencia".
"Fue sin querer queriendo".
"¡Zas, zas! Que yo jugaba y que...".

1971

Nació la serie 'El Chavo del ocho' y sus niveles de popularidad pronto rebasaron las fronteras conquistando América Latina. Se ha especulado que en este año Angelines Fernández se sumó al elenco, y que de ahí surgió la idea de llamarle 'La Bruja del 71'.

Escenografía de bajo costo.
Fue creada por el propio comediante, y el concepto se mantuvo siempre.

INTÉRPRETE: Roberto Gómez Bolaños.
DESCRIPCIÓN: Es un niño huérfano, pobre, distraído y torpe, pero creativo y bien intencionado. A sus ocho años de edad es un poco ingenuo, lo cual los demás niños usan en su propio beneficio. Pasa la mayor parte del tiempo dentro de su escondite: un barril, y tiene antojo permanente de tortas de jamón. Llega de casualidad a la vecindad, y su vida está llena de misterios. Se desconoce su nombre verdadero, y quién lo acompaña en el departamento 8 de dicha vivienda; siempre que se le pregunta al respecto, interrumpe la conversación. Cuando llora, corre a su barril en busca la calma y tranquilidad. Su reacción ante el miedo es 'La garrotera', trance en el que su cuerpo adopta cierta posición y se mantiene paralizado. "Siento como si sintiera que no estuviera sintiendo nada". Para volver en sí, basta echarle un poco de agua en su rostro.
DATO CURIOSO: Los zapatos que utiliza se los regaló Don Ramón el día que llegó a la vecindad.

"El Profesor Jirafales"

INTÉRPRETE: Rubén Aguirre

FRASES:
Cuando se enoja, grita: 'Ta, ta, ta, ta, ¡ta!'.
"¿Cuál es la causa, razón, motivo o circunstancia por la que…?".
"Vine a traerle este humilde obsequio".
"No será mucha molestia".
"Después de usted".

DESCRIPCIÓN: Es el riguroso maestro de la escuela a la que asisten los niños; es sumamente, educado, instruido, pero ingenuo. Nunca se ha casado por su timidez. Visita la vecindad en busca de doña Florinda, con quien sostiene inocente y cursi relación amorosa que cultiva llevándole siempre un ramo de rosas. Es una persona vanidosa y, gracias a su estatura, los niños le tienen muchos sobrenombres: 'Maistro longaniza', 'Ferrocarril parado', 'Tobogán de Saltillo', 'Manguera de bomberos' y 'Kilómetro parado'. Sin embargo, los soporta con absoluta bondad.

DATO CURIOSO: El nombre auténtico del personaje es 'Inocencio Jirafales'.

"Don Ramón"

INTÉRPRETE: Ramón Valdés

"Ramón Valdés me hacía reír como nadie. Era chistosísimo, un comediante extraordinario que pudo haber sido mundial porque tenía un talento innato. En mis programas, el que más risa me producía era él".

DESCRIPCIÓN: Viudo desempleado, holgazán, comodino y simpático, cuyo mayor interés es vivir sin complicaciones. Pero eso es imposible en la vecindad, donde ocupa el apartamento 72. Constantemente es asediado para que pague su adeudo de renta de 14 meses, su hija, 'La Chilindrina', es un dolor de cabeza, y su vecina doña Florinda responde cualquier imposición sobre su estilo de vida con una cachetada. Aunque algo nervioso y temperamental, trata de mantener una actitud alegre y logra ganarse la vida haciendo trabajos eventuales. Es aficionado a todos los deportes, y es seguidor del equipo de futbol Necaxa. Los niños le ponen sobrenombres como 'Cejas de telaraña', 'Lombriz de aguapuerca', 'Chimpancé rabioso', 'Patas de Chichicuilote', 'Tripa escurrida', 'Panza de lombriz' y 'Patas de canario'.

DATO CURIOSO: Trabajar con Roberto Gómez Bolaños en la película 'El cuerpazo del delito' (1968), le valió ser seleccionado para integrarse al elenco de 'El Chavo'.

FRASES
"Ma', ¿pos ora?".
"No te doy otra nomás porque...".
"¿Qué pasó, qué pasó?, ¡vamos ahi!"
"¡Si serás, si serás...!".
"Con permisito, dijo Monchito...".

1973

Ya transmitidos por el Canal 2 de la recién creada Televisa, 'El Chapulín Colorado' y 'El Chavo' (ya sin el del 8) se convirtieron en programas separados de media hora de duración cada uno, y son comprados en varios países de Centro y Sudamérica, donde baten marcas de audiencia.

"La Chilindrina"

INTÉRPRETE:
María Antonieta de las Nieves

"Diseñé a 'La Chilindrina' como una niña que tendría tantas o más pecas que 'El Chavo', a modo de constituir un lazo de identificación entre ambos; pero ella sería traviesa a más no poder y mucho más inteligente que él".

FRASES:
"Papito lindo, mi amor".
"¡Fíjate, fíjate, fíjate...!".
"¡Lo que tienes de bruto, lo tienes de bruto!".

DESCRIPCIÓN: Chimuela y pecosa, es la hija de Don Ramón, de quien heredó la picardía; su madre falleció al dar a luz. A sus ocho años, es la más inteligente de todos los niños, pero también la más astuta y mal portada en la escuela y la vecindad; le encanta aprovecharse de sus amigos, jugarles bromas pesadas y quitarles sus juguetes y golosinas. Está ingenua y profundamente enamorada de 'El Chavo', que a veces lo toma por novio, aunque él no le haga caso. Sus amigos le llaman 'La coladera', 'Tarántula con gafas' y 'Salpicada'.

DATO CURIOSO: Su nombre viene de un pan mexicano típico rociado con semillas de ajonjolí por encima, que recuerdan a sus innumerables pecas.

DOÑA NIEVES
Era la bisabuela de 'La Chilindrina' (ella la llamaba 'Biscabuela'), y María Antonieta de las Nieves también la interpretó en un único episodio. Esta adorable ancianita, llegó a la vecindad para hacerse cargo de su bisnieta en ausencia de su nieto "Monchito". Es muy simpática, pero también se enoja fácilmente y llora igual que su bizcanieta, a menudo coquetea con Jaimito, el cartero, pero éste la evita siempre que puede.

FRASES
"¡¿Cocha diche?!"
"Qué pachó, qué pachó, vamos ahí".

"Doña Florinda"

INTÉRPRETE: Florinda Meza

"Cada vez que este personaje se encontraba con 'El Profesor Jirafales', y su rostro irradiaba la ternura y dulzura que pueden anidar en el interior de una mujer enamorada, Florinda Meza era un verdadero alarde de facultades histriónicas".

¡CUAS!

FRASES:
"¡Vámonos, tesoro! No te juntes con esta chusma".
"Y la próxima vez...".
"¡Qué milagro que viene por acá!".
"¿Pero no gusta pasar a tomar una tacita de café?"

DESCRIPCIÓN: Pertenecía a la alta sociedad pero, a la trágica muerte de su esposo, el capitán de Marina Federico Matalascallando, con quien procreó a su consentidísimo hijo Quico, sobrevive con lo que recibe de la pensión en el apartamento 14 de la vecindad. Se encuentra en plena etapa de madurez y está convencida de que es superior a sus vecinos social, moral y económicamente, por lo que les llama 'Chusma'. Le gusta el orden, la limpieza y la disciplina; es impaciente y malgeniuda, pero se torna toda dulzura ante las linduras de su hijo o la presencia del Profesor Jirafales, de quien está enamorada. Siempre cachetea a Don Ramón, cada vez que su hijo la llama para acusar a alguien, aunque él no tenga la culpa. Por ello, 'La Chilindrina' le llama 'Vieja chancluda'.

DATO CURIOSO: Su nombre completo es Florinda Corcuera y Villalpando viuda de Matalascallando.

"LA POPIS"
INTÉRPRETE: Florinda Meza.
DESCRIPCIÓN: Es sobrina de 'Doña Florinda' y prima de 'Quico'. Y aunque es menos envidiosa que él, nunca regala paletas o dulces. Siempre carga a su muñeca Serafina, a quien trata como si fuera su hija; habla con ella, le da consejos y, cuando se porta mal, le da nalgadas diciendo: "¡Tenga, tenga, tenga y tenga!". Está enamorada de Ñoño, e inclusive en algunos capítulos han llegado a ser novios.

1977
Durante una gira por Chile, Florinda Meza y Roberto Gómez Bolaños inician romance luego de diez años de convivencia diaria. Él se separa de su esposa Graciela Fernández.

"Quico"

INTÉRPRETE: Carlos Villagrán

"Este personaje se me ocurrió una vez que estábamos en una fiesta de adultos, y se colaron unos niños. Había uno que ya no soportaba, porque era consentido como él solo, y de ahí saqué muchas cosas. Decía: 'Oye, dime que sí, no seas malito'. Me dije: 'Si alguien me dice eso en la vida real, no sabría lo que haría".

FRASES:
"¡Chusma, chusma…!".
"¡Ay ya cállate,
cállate, cállate que me
desesperas!".
"¡No me simpatizas!"

DESCRIPCIÓN: A sus nueve años de edad y con sendos cachetes, el hijo de 'Doña Florinda' es un niño mimado y sobreprotegido, además de arrogante, manipulador y envidioso, aunque de buen corazón en el fondo. Siempre atrae la atención de todos gritando o presumiendo un juguete nuevo. Vive con la ilusión de recibir una pelota cuadrada. Pese a ello, es el mejor amigo de 'El Chavo' en la vecindad, cuyo apartamento 14 habita con su mamá. Su nombre es Federico, pero no le gusta que lo llamen de esta manera, ya que las pocas veces que lo hacen, es cuando están enojados con él. Cuando hace enfurecer a 'El Chavo', éste le dice 'Cachetes de marrana flaca'.

DATO CURIOSO: El traje que usa es en honor a su padre, "que era marino y que descansa en pez, porque se lo tragó una ballena", dice.

"Ñoño" "El señor Barriga"

INTÉRPRETE: Édgar Vivar

FRASES:
"¡Míralo eh!,
¡míralo eh!".

ÑOÑO
INTÉRPRETE: Édgar Vivar
DESCRIPCIÓN: Es un niño estudioso y de buen corazón. Por su gordura, recibe muchas burlas de parte de los otros niños, pero se defiende a 'panzazos'. Llora con pequeños gritos, y la mayor parte del tiempo se lo pasa pensando en comida, o bien comiendo.
DATO CURIOSO: Su nombre completo es Febronio Barriga Gordorritúa.

FRASES:
"¡Tenía que ser el Chavo del ocho!".
"Págueme la renta".

DESCRIPCIÓN: Se llama Zenón Barriga y Pesado y es el dueño de la vecindad donde hay más de 80 apartamentos habitados por personas de clase media baja. Cada vez que llega a cobrar las rentas, es recibido con una patada o trompada lanzada por el protagonista. De ahí su frase, '¡Tenía que ser El Chavo!'. A pesar de ello, de las burlas (los niños se dan vuelo llamándole 'Tinaco desparramado', 'Albóndiga con patas', 'Garrafón de electropura', 'Bola de manteca' o 'Cachalote con lentes'), bromas e inquilinos morosos, muestra un gran corazón al compartir con ellos las fiestas que organizan y comprándoles regalos. Es padre de un niño llamado Ñoño, quien vive sólo con él, ya que su señora esposa es una mujer de negocios, y su trabajo en el extranjero hace que se ausente la mayor parte del tiempo.

DATO CURIOSO: Roberto Gómez Bolaños ya había confiado este personaje a otro actor, pero un amigo le recomendó a Edgar Vivar, a quien le encargó ésta y otras interpretaciones.

1978
Debutó como protagonista en cine con 'El Chanfle', primera película producida por Televicine, en la que actúa todo el elenco del programa 'Chespirito'. También escribió y compuso letra y música de su primer disco titulado 'La vecindad del Chavo'.

"Doña Clotilde"
'La bruja del 71'

INTÉRPRETE:
Angelines Fernández

"Actuar con regular frecuencia al lado de Mario Moreno 'Cantinflas' le permitió demostrar que tenía un sentido del humor que la hacía idónea para mi programa".

FRASES:
"¡Monchito!"
(A Don Ramón)
"¡Rorro!"
(Sinónimo de Muñeco)
"¡Papucho!"
"¡No soy señora, soy se-ño-ri-ta!"
"Son tus perjúmenes, Ramón... los que me sulibeyan".

DESCRIPCIÓN: Por su edad, aspecto excéntrico y tener una mascota llamada 'Satanás', esta quisquillosa solterona jubilada es bautizada por los niños de la vecindad como 'La bruja del 71', ya que habita el apartamento con ese número. Pero realmente es una buena mujer que se preocupa por quedar bien con las demás personas, especialmente con don Ramón, quien le hace suspirar de amor, pero ni caso le hace. Las pocas veces que está de mal humor es porque los niños de la vecindad se burlan de ella diciéndole que de verdad es una bruja.

DATO CURIOSO: Según testimonio de su hija, los niños en la vida real siempre la imaginaron como una bruja de verdad: "Cuando salíamos al supermercado o a pasear al perrito, los chiquitines gritaban: '¡Ahí viene la Bruja', y mi madre se empezaba a mortificar. Me comentaba que se sentía triste, porque nadie se le quería acercar; ¡le tenían miedo! Me daba risa cuando en la vida real se enojaba con los niños igual que con 'El Chavo' y 'La Chilindrina'. Después se acostumbró y no le molestaba que le dijera "Bruja".

DESCRIPCIÓN: A este niño distraído, solitario y de nombre desconocido pocas veces se le vio en la vecindad; en el salón de clases, se sienta en el último asiento y se distinguía por ser el alumno que menos estudiaba. Siempre estaba atendiendo otros asuntos en su cuaderno y, cuando el Profesor Jirafales le hace una pregunta, contesta: "Yo no fui", sin saber siquiera lo que le van a preguntar. Trata de esquivar las preguntas en la escuela, para así poder concentrarse en dibujar y tocar instrumentos musicales.

DATO CURIOSO: Durante un tiempo, Horacio dirigió el programa junto con su hermano Roberto.

FRASES:
"Yo no fui, maestro".
"¿Y ahora qué hice?".
"No sé".
"Pus, no me la sé, profesor".

"Este personaje no tenía la menor idea de lo que eran la historia, la geografía, la aritmética y demás materias escolares pero, en cambio, era un verdadero experto en deportes, tanto en la práctica de éstos como en la información que tenía al respecto".

"Godínez"

INTÉRPRETE:
Horacio Gómez

1980

Al igual que ocurrió en 1979 con 'El Chapulín Colorado', desaparece el programa 'El Chavo', y ambos personajes se vuelven a reunir en una hora semanal con el nombre 'Chespirito', ya sin la participación de Ramón Valdés. Debutó como director de cine con 'El Charrito'.

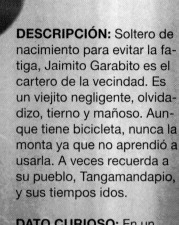

DESCRIPCIÓN: Soltero de nacimiento para evitar la fatiga, Jaimito Garabito es el cartero de la vecindad. Es un viejito negligente, olvidadizo, tierno y mañoso. Aunque tiene bicicleta, nunca la monta ya que no aprendió a usarla. A veces recuerda a su pueblo, Tangamandapio, y sus tiempos idos.

DATO CURIOSO: En un principio, no estaba plenamente convencido de encasillarse en un personaje fijo, pero cambió de parcer después de que realizaron gira en Colombia. Consideró que le convenía adherirse al grupo, y durante toda su vida siguió manifestando lo feliz que estaba de haber tomado tal decisión".

"Jaimito"
El cartero

INTÉRPRETE:
Raúl Padilla

"La ausencia de Ramón Valdés me hizo pensar en la necesidad de conseguir otro actor de mayor edad para el programa 'El Chavo', y él se incorporó al elenco debido a tres factores: sus facultades de actor, su capacidad para caracterizar toda clase de prototipos y su enorme calidad de ser humano"

FRASES:
"Es que quiero evitar la fatiga".
"Tangamandapio es mi pueblo natal, un hermoso pueblecito de crepúsculos arrebolados...".

66

'Los chifladitos'

Además de 'El Chapulín Colorado', 'Chespirito' contaba con otros sketches, entre los cuales destacó 'Los Chifladitos'. Éste narraba las situaciones vividas por un par de loquitos llamados Lucas Tañeda y Chaparrón Bonaparte, interpretados por Rubén Aguirre y Roberto Gómez Bolaños, respectivamente. Según la historia, llevaban una vida aparentemente normal, dejándose llevar por disparatadas acciones y pensamientos presentados ante las demás personas sin ningún tipo de reparo.

En cualquier momento, a Chaparrón le puede dar una 'chiripiorca', especie de ataque epiléptico que le hace flexionar, rítmicamente y sin control, una pierna y el brazo contrario; pero este problema se soluciona simplemente con un golpe en la espalda.

Sin embargo, Gómez Bolaños debió suspenderlo en 1971, ya que su compañero recibió el ofrecimiento para irse a trabajar como conductor a un nuevo programa del Canal 2.

"Rubén era insustituible, por múltiples razones. La solución, por tanto, era sustituir el sketch y poner en su lugar algo diferente. Me pasé dos o tres días buscando la respuesta, pero no llegaba… Ya agobiado por el tiempo, decidí salir del paso escribiendo un sketch suelto, para el cual utilicé material de otro que había realizado antes acerca de unos niños".

La historia elegida se refería a un niño pobre (interpretado por 'Chespirito') que paseaba por un parque y tenía un altercado con un vendedor de globos (don Ramón). Ante lo aceptable del resultado, repitió la fórmula en ambiente similar, para la cual los comentarios a favor abundaron.

Un par de semanas después bautizó al personaje con el nombre que habría de ser conocido en muchas partes del mundo: 'El Chavo del ocho'.

"Chaparrón, ¿sabías que la gente sigue diciendo que tú y yo estamos locos?".
"¿Que tú y yo estamos locos Lucas?"
"¡Figúrate!".
"No hagas caso, Lucas...."
"Oye, Lucas.....".
"Dígame Licenciado".
"¡Licenciado!".
"¡Gracias, muchas gracias!".
"No hay de queso, nomás de papa".

1981

Retomó los personajes de la exitosa película 'El Chanfle' y dirigió su secuela: 'El Chanfle II'. Dos años más tarde (1983) escribió, actuó y dirigió 'Don Ratón y don Ratero', donde hizo gala de sus dotes como bailarín de tap.

Vaya tercia.
La simpatía de 'El Chómpiras' y 'El Botija', interpretados, respectivamente, por Roberto Gómez Bolaños y Édgar Vivar, se duplicaba cuando eran arrestados por el sargento Refugio Pazguato, encarnado por Rubén Aguirre.

'Los caquitos'

Este sketch también surgió desde la primera etapa del programa 'Chespirito', en 1970. Entonces 'El Chómpiras', ratero torpe y distraído interpretado por Roberto Gómez Bolaños, alternaba con 'El Peterete', astuto ladrón que, imbuido por la parsimonia del tema de 'La Pantera Rosa', encarnaba Ramón Valdés. Cada vez que 'Chómpiras' hace o dice algo indebido, lo peina, y le da una cachetada que le hace dar vueltas; luego le dice: "Y la próxima vez, te...". Por un tiempo, se les unió el 'Cuajináis', personificado por Carlos Villagrán, quien ocasionalmente también interpretó al policía que frecuenta a los simpáticos malechores. Más tarde se trasladó como entremés de los programas 'El Chavo del ocho' y 'El Chapulín Colorado'. Ante la salida del elenco de Carlos Villagrán y Ramón Valdés, en 1978 y 1979, respectivamente, y el fin de sus más importantes programas, Gómez

"Al personaje que más extraño es al 'Chómpiras', por lo ameno y cómodo que era grabarlo; se acercaba más a mi edad, no era ni lo joven de 'El Chavo', ni el viejito 'Chapatín', tampoco el superhéroe como 'El Chapulín Colorado'. Se adecuaba más a mí y decía cosas que me hubiera gustado decir y nunca me atreví".

"Florinda Meza, como 'La Chimoltrufia', era fascinante. Ella ha sido el personaje femenino más gracioso que he visto".

DATO CURIOSO: 'El Botija' tiene varios nombres que varían en los episodios: Gordon Botija Pompa y Pompa, Gordon Botija y Aguado y Gordon Botija Mantecón.

Bolaños decide retomar a 'Los caquitos'. Así, al 'Chómpiras' se unió 'El Botija' que, creado desde 1971, era interpretado por Edgar Vivar, y el oficial de policía a cargo de Horacio Gómez. También frecuentarían más los actores del elenco, entre ellos Florinda Meza, quien en 1980 apareció como 'La Chimoltrufia', humilde joven con poco atractivo e inteligencia, aunque honesta, que adquirió paulatinamente más protagonismo.

A ellos se unieron después Rubén Aguirre, como el honesto policía Refugio Pazguato; María Antonieta de las Nieves, dando vida a una mujer de la calle y otros personajes.

En 1987, la trama cambia. Los protagonistas deciden volverse honrados y comienzan a trabajar, junto a 'La Chimoltrufia', en un hotel, donde conocen nuevos personajes como 'Marujita, una joven y hermosa chica pelirroja que quería salir de una vida disipada (María Antonieta de las Nieves), y Doña Espotaverderona, mamá de la Chimoltrufia (Annabelle Gutiérrez). Don Lucho (Carlos F. Pouliot), Don Cecilio Buenavista (Moisés Suárez), Doña Nachita (Angelines Fernández), y el Licenciado Morales, jefe de la delegación (Horacio Gómez). Poco tiempo después, ese personaje sería encarnado por Raúl 'El Chato' Padilla.

El sketch finalizó casi antes de la cancelación de 'Chespirito', en septiembre de 1995.

1984
Estrenó en los Televiteatros de la ciudad de México la comedia musical 'Títere', adaptación libre del cuento de Collodi: 'Pinocho'.

1988

El 9 de agosto falleció Ramón Valdés, víctima de cáncer. Roberto Gómez Bolaños dirige su última película 'Musica de viento', comedia que, al igual que sus anteriores trabajos, se convirtió un éxito de taquilla.

'El Chavo'
La serie animada

Si bien a lo largo de su historia el programa 'El Chavo' gozó de enorme popularidad en innumerables países del orbe, en octubre de 2006 Televisa presentó a toda Latinoamérica un proyecto cuyo propósito básico es que sus personajes sigan recorriendo mundo y sean conocidos por las nuevas generaciones.

Se trata de la serie animada 'El Chavo', producción cien por ciento mexicana desarrollada por Ánima Estudios, bajo la tutela de Roberto Gómez Bolaños, creador e intérprete del entrañable personaje, quien debió aguardar ocho años de planeación para ver a sus creaciones en dibujos animados.

Para la primera temporada se utilizaron los mismos libretos que Gómez Bolaños empleó en la serie real, y que alguna vez despertaron el interés de Walt Disney para llevarlo a la pantalla. También se involucran todos los personajes, a excepción de 'La Chilindrina'. El productor de 'El Chavo' es Roberto Gómez Fernández, quien impulsa así el legado televisivo de su padre con esta serie adquirida en su lanzamiento por el 90 por ciento de países de Latinoamérica, así como algunos europeos y asiáticos.

Debut exitoso.
En 1990, Florinda Meza se aventuró a producir y protagonizar 'Milagro y magia', telenovela escrita por ella. Miguel Palmer y Rafael Sánchez Navarro fueron los galanes de este proyecto de cuya dirección se hizo cargo Roberto Gómez Bolaños.

Sus milagros y magias

en el melodrama

En 1990, cuando la edad le orilló a abandonar las interpretaciones de 'El Chapulín Colorado' y 'El Chavo', Roberto Gómez Bolaños se vio implicado, sin querer queriendo, en un género al que siempre respetó por lo complejo de su realización: la telenovela.

Resulta que Florinda Meza había escrito una historia y, por si fuera poco, también se impuso el reto de producirla y estelarizarla, marcando así su debut en el género, no importándole que, además, debía cantar y bailar números musicales de diversas épocas.

El camino para ella no fue fácil, comentó 'Chespirito' días después de iniciarse las grabaciones de 'Milagro y magia'. "Para comenzar, no había una sola persona que confiara en su capacidad para este propósito. De hecho, yo mismo albergaba dudas por los requerimientos de dramatismo del género. Pero luego leí los primeros capítulos y me parecieron tan buenos, que pedí ser yo quien dirigiera escena, con la ayuda de mi hijo Roberto en la dirección de cámaras".

> *Jamás imaginé que me enfrentaría a un reto tan complicado, pero placentero, que el de hacer telenovela*

Al pie del cañón.
De principio a fin de grabaciones, 'Chespirito' hizo gala de profesionalismo. Tuvo tacto para dirigir lo mismo a figuras experimentadas, como Roberto Cañedo y Ofelia Guilmáin, que nuevos valores. Además, cobijó a la perfección el talento de Florinda Meza.

Por supuesto, ella estuvo de acuerdo pero, al iniciar los trámites necesarios, comenzaron también dificultades administrativas y las consabidas críticas y objeciones de que cómo una comediante podría interpretar un papel 'serio'.

Pero hubo más de un detalle que hizo a 'Milagro y magia' una telenovela diferente; el principal, la música era elemento básico de la trama dividida en 180 capítulos, pues la protagonista era una cantante cuya evolución se muestra desde su niñez en 1910 hasta su muerte después de los 85 años de edad (1985).

Además de la extensa selección y grabación de números musicales, la producción exigió cantidad de escenografía, autos, vestuario, muebles y maquillajes elaborados tras rigurosa documentación, así como de ensayos de canciones, coreografías y escenas especiales.

Ofelia Guilmáin, Miguel Palmer, Rafael Sánchez Navarro, Roberto Cañedo, Carlos Bracho, Juan Antonio Edwards, Tony Carbajal e Inés Morales participaron en esta telenovela, cuya protagonista mostraba las debilidades que hacen perder el buen camino de un ser humano en más de una ocasión.

Y aunque él argumenta que el proyecto se enfrentó a otros problemas, "transmisión en horarios inadecuados y cambiantes, menor promoción que otras telenovelas", el público apoyó sus transmisiones por 'El Canal de las Estrellas', del 22 de abril de 1991 hasta el 20 de diciembre de 1991.

Y TAMBIÉN HIZO CANCIONES

Seis años después, Florinda Meza también quiso probar suerte como productora del género, y para ello recurrió a una historia realizada en Argentina en 1950 por su propio autor: Alberto Migré, y protagonizada por Hilda Bernard y Fernando Ciro.

Se trató de 'Alguna vez tendremos alas', cuya versión mexicana estelarizaron Humberto Zurita y Kate del Castillo, con el apoyo de Cynthia Klitbo y Eugenia Cauduro, dirigidos por Roberto Gómez Fernández. Tras mostrar un nuevo contraste en la vida de miseria y pobreza que se desarrolla en los barrios pobres, la telenovela de 130 episodios se convirtió en un éxito en audiencias, pero más en las críticas recibidas durante su transmisión del 25 de abril de 1997, al 21 de noviembre de 1997.

Ahí el desempeño de Roberto Gómez Bolaños fue como compositor de las canciones, incluyendo la principal: 'Alguna vez tendremos alas', interpretada por Carlos Cuevas, con musicalización y arreglos de Rodolfo 'Popo' Sánchez.

Talento ilimitado.
En 1995 compuso el tema de la telenovela 'La dueña': 'Tengo todo contigo', interpretado por José Ángel 'El Cuervo'. Dos años más tarde hizo lo propio en 'Alguna vez tendremos alas', donde contó con la colaboración de Carlos Cuevas.

1990
Florinda Meza abandonó temporalmente el elenco de 'Chespirito', para protagonizar la telenovela 'Milagro y magia', de cuya dirección se encargó Roberto Gómez Bolaños.

De músico y poeta también tiene un poco

Uno de los más grandes sueños de Roberto Gómez Bolaños en su infancia fue ser futbolista profesional; sin embargo, su estatura y bajo peso le obligaron a desistir en su propósito, pese a tener pasta de goleador. Pero su carácter inquieto le llevó a explorar un terreno que, de no haberse presentado la oportunidad como guionista de televisión, seguro le hubiera reportado grandes satisfacciones gracias a su vena poética.

"Un día, un tío prometió regalarme una guitarra. Mientras cumplía su palabra, a una regla 'T' le puse tachuelas, ligas y marqué los trastes, para ir aprendiendo las posiciones y los cambios. Así, cuando me dieron la guitarra, cinco o seis meses después, yo ya podía hacer los cambios de La Mayor y Menor y de Do Mayor. Incluso llegué a llevar serenata a alguna novia o pretensa solito, con mi guitarra, en una de las callecitas de la colonia donde vivía".

Su capacidad de aprender por sí mismo le permitió, con el paso del tiempo, componer canciones exitosas. Pero mientras ese momento llegaba, con un grupo de amigos formó el grupo musical 'El son de Los Aracuanes' con el que durante tres años se dedicaron a amenizar fiestas en su barrio.

"Yo tocaba las maracas, que eran muy cómodas, porque yo podía bajarme a bailar con una chava mientras el grupo seguía tocando", platicó 'Chespirito' en una entrevista para 'El Heraldo de México'.

> *Después de las mujeres, nunca nada me ha causado mayor fascinación que la buena música*

COMPUSO UN ÉXITO A 'LOS TECOLINES'

La primera demostración de su talento a escala nacional se dio a mitad de los 50. Estando en casa de su todavía entonces novia, Graciela Fernández, llegó un conocido de la familia de ella: Panchito Méndez, director artístico de Peerles, entonces una de las grabadoras más importantes de discos en el país.

Sin mayor preámbulo, solicitó el auxilio de Doña Esther, madre de Graciela, para que tradujera la letra de una canción francesa y escribiera la versión respectiva en español, ya que ella dominaba el idioma galo. Ella se comprometió a hacer la traducción, pero no la letra.

El arrojo de Roberto Gómez Bolaños se hizo presente: "¿Qué tal si la señora hace la traducción y yo intento escribir la versión en español?". Con reservas, Francisco Méndez aceptó, la mamá de Graciela escuchó el disco y escribió la traducción

literal al español, de la cual 'Chespirito' logró la traducción de 'Cerezo Rosa', canción que obtuvo el Disco de Oro del año respectivo en la versión del trío Los Tecolines.

"El único inconveniente de este acontecimiento es que Panchito Méndez no recordó mi nombre a la hora del registro. Para salir del paso registró la letra a nombre de doña Esther, cuyo apellido era Fernández. Por eso, durante mucho tiempo se creyó que la autora era la protagonista de la película 'Allá en el Rancho Grande'", ha recordado siempre con humor Roberto Gómez Bolaños.

SE CONVIRTIÓ EN FIGURA DEL DISCO

El éxito alcanzado a mitad de los 70 por los programas 'El Chapulín Colorado' y 'El Chavo del ocho' despertó el interés de varias compañías discográficas, cuyos directivos intentaron contratar a Roberto Gómez Bolaños 'Chespirito' como su artista exclusivo para grabar un disco.

"Polygram me hizo una oferta en la que yo veía un lado positivo y otro negativo: por un lado, era la oportunidad de dar a conocer algunas de mis composiciones, que eran bastantes, pero lo negativo era que también le interesaba que yo fuera el intérprete, ignorando que yo no cantaba ni bajo la regadera. Pero fue tanta la insistencia, que acepté con una sola condición: que mis compañeros también cantaran. De inmediato cerramos el trato".

Salvo Carlos Villagrán, quien aseguró contar ya con otro ofrecimiento similar, el resto de los integrantes se mostraron entusiasmados con el proyecto, para el cual 'Chespirito' compuso las 10 canciones que integraron el primer disco que fue un éxito sin precedentes.

"En todas las estaciones de radio se oían mis canciones, entre las cuales destacaba 'El Chapulín Colorado'. Y lo mismo sucedió con otros dos discos que grabamos después, donde sobresalían las canciones referentes al Chavo; sobre todo destacó '¡Qué bonita vecindad!', canción que, cinco lustros después, aún se sigue vendiendo".

PROBÓ SUERTE EN EL FESTIVAL OTI

Respaldado por el apoyo que Polygram brindaba a las grabaciones de sus personajes, Roberto Gómez Bolaños insistió en poner algunas de sus composiciones a consideración del público. Había escrito una letra que, en su opinión, tenía los

Sus primeros intérpretes.
El Trío Los Tecolines internacionalizó una de sus más conocidas creaciones, que compuso en casa de Graciela Fernández cuando era su novia (foto derecha).

atributos necesarios para participar en el Festival OTI de la Canción. Les llevó una grabación rudimentaria, cantada por Florinda Meza, y la compañía se interesó.

Pero los directivos propusieron de inmediato que la canción, en vez de ser defendida por la actriz, lo fuera por Dulce, y él aceptó sin mayor oposición.

La canción se tituló 'Nacer', y el público la apoyó de principio a fin. Pero, para sorpresa de 'Chespirito', de las 40 participantes, ocupó el lugar 37.

"Había recibido muchas felicitaciones del público que asistió al Teatro de la Ciudad en la capital mexicana; incluso la del cantautor Napoleón, que entonces obtuvo el primer lugar.

Fue hasta tiempo después, en una reunión sostenida con Miguel Alemán, entonces ejecutivo de Televisa, que le explicó: "Televisa no debía acudir con una tesis acerca del aborto. Ni a favor ni en contra. ¿Me entiendes? Lo entendí, por supuesto, y le agradecí la honestidad que implicaba su revelación".

TAMBIÉN PRODUJO COMEDIA MUSICAL

En 1982, gracias también al éxito de la comedia musical 'Títere', Gómez Bolaños produjo un disco con las canciones de la obra, todas de la autoría de 'Chespirito'. Los únicos temas inéditos son: 'Diferente', 'La vida' y 'Ánimo'. Fueron acompañados por la Orquesta Sinfónica Nuevo Mundo, dirigida por Guillermo Gutiérrez Campos.

1. Obertura 1er acto (Instrumental)
2. Ser como se debe ser (Betel y Hada Madrina)
3. El percance (Gato, Ratón y coros)
4. Diferente (José Grillo y coros)
5. Títere (Gepetto)
6. Títere 2ª versión (Pinocho y Betel)
7. La vida (Betel y coros)
8. Obertura 2° acto (Instrumental)
9. Ánimo (José Grillo, Betel y coros)
10. Torpe (Gato, Ratón y coros)
11. Viva el teatro (Pinocho y coros)
12. La sentencia (José Grillo, Strómboli, Gato, Ratón y coros)
13. Final: La vida/Ánimo (Toda la compañía)

Discografía

PRIMER FESTIVAL DE LA CANCIÓN INFANTIL
La marcha de los Santos Reyes
9 Mayos
Paco el bueno
Y lo amo
De color de rosa
Mi papi es un papi muy padre
El burro de Matías
La princesa Palomita
Escucha a un niño decir
Anhelo

EL CHAVO CANTA
Gracias Cri Cri
El ruido
Campeón
Eso, eso, eso
El silencio
Un rinconcito especial
Bailando turpa
El percance
Quisiera haber sido un pastor

ASI CANTAMOS Y VACILAMOS EN LA VECINDAD DEL CHAVO
La vecindad del Chavo
Los cursis
Eso, eso, eso
Fíjate, fíjate, fíjate
Síganme los buenos
Churi churin fun flais
Un rinconcito especial
El burro de Matias
Las brujas
El Chapulín Colorado
Mi papi es un papi muy padre
Los payasos
Ay papito ponte a trabajar
La carcachita
Peluchín
La princesa Palomita
Gracias Cri Cri
Si yo tuviera una mamá
Un año más
Buenas noches vecindad

CHESPIRITO Y SUS CANCIONES
El Chapulín Colorado
La carcachita
Hermano Francisco
Los astronautas
Payasos
La gallinita
La juguetería
Oyelo, escúchalo
Un año más
La Pata y el Tulipán

Su hit cinematográfico.
Se registró en 1978 con la película 'El Chanfle', primera producción de Televisa a través de su filial Televicine. La interpretación de un utilero del equipo de futbol América lo instaló a él y al resto de su elenco en los cuernos de la luna.

Cuna de su legendario mote

> *Yo no tengo la gracia de un montonal de actores, comediantes mexicanos y de todo el mundo que por sí solos pueden hacer reír. No. Yo necesito un guión muy bien elaborado y lo respeto al cien por ciento*.

Meses antes de emprender exitosa carrera como guionista de televisión, Roberto Gómez Bolaños empezó a escribir historias para cine, y fue desde su primera película, 'Los legionarios' (1957), protagonizada por 'Viruta y Capulina', que fue bautizado como 'Chespirito'.

"El director era Agustín P. Delgado (nota: él era hermano de Miguel M. Delgado, director de cabecera de Mario Moreno 'Cantinflas'), y le encantó el guión. Me dijo: 'Es usted un pequeño Shakespeare'. Era un elogio muy grande, y empezó a decirme 'Shakespearito', como diminutivo de William Shakespeare".

Sus compañeros de trabajo, actores y técnicos, también comenzaron a llamarlo así y, al mismo tiempo, se encargaron de castellanizarlo hasta dejarlo en 'Chespirito'. A él le gustó tanto el seudónimo, que pronto lo adoptó como nombre de batalla, sin imaginar entonces que con él trascendería fronteras acompañado siempre de su incondicional elenco.

Esa carta de presentación le abrió las puertas para nuevos proyectos fílmicos financiados por Producciones Zacarías y también estelarizados por la mancuerna Marco Antonio Campos-Gaspar Henaine, bajo la dirección de Agustín P. Delgado: 'Los tigres del desierto' y 'Angelitos del trapecio', ambas de 1958.

Y fue justo el responsable de bautizarlo como 'Chespirito', quien, en 1959, le brindó la oportunidad de debutar como actor en el filme 'Dos criados malcriados'. Lo curioso del caso es que interpretó a un villano, siendo cobijado por 'Viruta y Capulina' y las hermanas Tere y Lorena Velázquez.

Él lo bautizó como 'Shakespearito'.
Se trata del director Agustín P. Delgado, quien dirigió su primera película 'Los legionarios', en 1957.

1957

'LOS LEGIONARIOS'
Director: Agustín P. Delgado.
Guión y composición: Roberto Gómez Bolaños.
Intérpretes: María Antonieta Pons y 'Viruta y Capulina'.

1958

'LOS TIGRES DEL DESIERTO'
Director: Agustín P. Delgado.
Argumento: Roberto Gómez Bolaños.
Intérpretes: 'Viruta y Capulina' y Lorena Velázquez.

'ANGELITOS DEL TRAPECIO'
Director: Agustín P. Delgado.
Argumento: Roberto Gómez Bolaños
Intérpretes: 'Viruta y Capulina' y 'Pulgarcito'.

'VAGABUNDO Y MILLONARIO'
Director: Miguel Morayta
Diálogos de Germán Valdez: Roberto Gómez Bolaños
Intérpretes: Germán Valdés 'Tin Tan', Sonia Furió y Marcelo Chávez.

'TRES LECCIONES DE AMOR'
Director: Fernando Cortés
Composición: Roberto Gómez Bolaños
Intérpretes: Germán Valdés 'Tin Tan', Mapita Cortés y Rosita Arenas.

1959

'DOS CRIADOS MALCRIADOS'
Director: Agustín P. Delgado.
Argumento y actuación: Roberto Gómez Bolaños.
Intérpretes: 'Viruta y Capulina' y Tere y Lorena Velázquez.

'DOS LOCOS EN ESCENA'
Director: Agustín P. Delgado.
Argumento y actuación: Roberto Gómez Bolaños.
Intérpretes: 'Viruta y Capulina' y Flor Silvestre.

'EL DOLOR DE PAGAR LA RENTA'
Director: Agustín P. Delgado.
Argumento: Roberto Gómez Bolaños
Intérpretes: 'Viruta y Capulina' y 'Pulgarcito'.

'LOS DESENFRENADOS'
Director: Agustín P. Delgado.
Argumento: Roberto Gómez Bolaños
Intérpretes: 'Viruta y Capulina' y Aída Aracely.

1960

'UN PAR A TODO DAR'
Director: Jaime Salvador
Argumento: Roberto Gómez Bolaños
Intérpretes: 'Viruta y Capulina' y Dacia González

'LOS ASTRONAUTAS'
Director: Miguel Zacarías.
Argumentista: Roberto Gómez Bolaños
Intérpretes: 'Viruta y Capulina' y Gina Romand

'LIMOSNEROS CON GARROTE'
Director: Jaime Salvador
Argumento: Roberto Gómez Bolaños y Pedro de Urdimalas.
Intérpretes: 'Viruta y Capulina' y Kippy Casado.

'PEGANDO CON TUBO'
Director: Jaime Salvador
Argumento: Roberto Gómez Bolaños y Pedro de Urdimalas.
Intérpretes: 'Viruta y Capulina' y Rosina Navarro.

'DOS TONTOS Y UN LOCO'
Director: Miguel Morayta
Argumento: Roberto Gómez Bolaños
Intérpretes: 'Viruta y Capulina' y Manuel 'El Loco' Valdés.

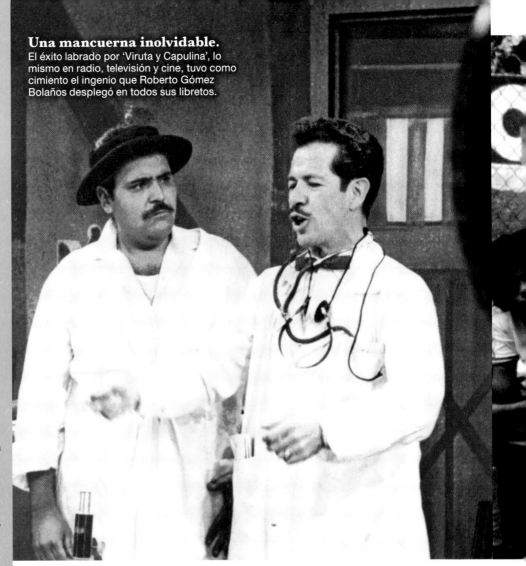

Una mancuerna inolvidable.
El éxito labrado por 'Viruta y Capulina', lo mismo en radio, televisión y cine, tuvo como cimiento el ingenio que Roberto Gómez Bolaños desplegó en todos sus libretos.

Una actuación inolvidable.
Con Héctor Lechuga alternó en 'La princesa hippie', cinta dirigida en 1968 por Miguel Morayta.

"Tal fue el éxito de taquilla, que su título fue copiado para una comedia de María Victoria llamada en principio 'La doncella es peligrosa'. Le llamaron entonces 'La criada malcriada' y tuvo tan buena respuesta que no sólo marcó la consagración como actriz de María, sino que utilizó un título similar para su programa de televisión', comentó alguna vez Roberto Gómez Bolaños, quien desde entonces alternó su desempeño actoral con la creación de libretos para programas de televisión y guiones para, al menos, medio centenar de películas.

HIZO TAMBALEAR A 'CANTINFLAS'

En 1978, justo cuando los programas 'El Chapulín Colorado' y 'El Chavo' le reportaban los más altos índices de popularidad, Roberto Gómez Bolaños recibió una noticia que le dejó helado: Televisa emprendería la producción cinematográfica, y Emilio Azcárraga Milmo le confería la responsabilidad de que el primer proyecto debía estelarizarlo él.

"Más cuando Valentín Pimstein me dijo que eligiera el guión, el elenco, el director… Pensé entonces que mi pasión, el futbol, lo era también de miles de personas".

Así surgió el argumento de 'El Chanfle', la simpática historia de un utilero del equipo de futbol América, quien enfrenta problemas para llevarse bien con su entrenador Moncho Reyes (Ramón Valdés), debido al elevado sentido de la honradez y limpieza en el juego que tiene el protagonista, lo que no comparte con el rígido entrenador.

Pese a ello, se gana paulatinamente el aprecio del resto del club, que lo reconoce como un noble trabajador que intenta sacar adelante a su esposa.

La película se filmó ese mismo año, bajo la dirección de Enrique Segoviano, y para ello Roberto Gómez Bolaños reclutó a todo su elenco televisivo, pero en papeles totalmente ajenos a los que los habían popularizado en la pantalla chica. Él representaba a 'El Chanfle'; Florinda

Escenarios de primera. El majestuoso Estadio Azteca y las instalaciones del equipo de futbol América, en la capital mexicana, albergaron el rodaje de la cinta en la que también actuaron Ramón Valdés (arriba) y María Antonieta de las Nieves.

1961

'LOS INVISIBLES'
Director: Jaime Salvador
Guión: Roberto Gómez Bolaños
Intérpretes: 'Viruta y Capulina' y Eduardo Fajardo.

'UN DÍA DE DICIEMBRE'
Director: Fernando Cortés
Argumento: Roberto Gómez Bolaños y Alejandro Verbitzky.
Intérpretes: Jorge Martínez de Hoyos, Beatriz Aguirre y Luis Aragón.

1962

'EN PELIGRO DE MUERTE'
Director: René Cardona
Guión: Roberto Gómez Bolaños y Alfredo Zacarías.
Intérpretes: 'Viruta y Capulina' y Germán Valdés Tin Tan.

'BUENOS DÍAS, ACAPULCO'
Director: Agustín P. Delgado
Guión: Roberto Gómez Bolaños
Intérpretes: 'Viruta y Capulina y Silvia Fournier.

1964

'LA CIGÜEÑA DISTRAÍDA'
Director: Emilio Gómez Muriel
Guión: Roberto Gómez Bolaños
Intérpretes: 'Viruta y Capulina' y Rosa María Vázquez.

'LOS REYES DEL VOLANTE'
Director: Miguel Morayta
Guión: Roberto Gómez Bolaños
Intérpretes: 'Viruta y Capulina' y Fanny Cano.

1965

'EL CAMINO DE LOS ESPANTOS'
Director: Gilberto Martínez Solares
Guión: Roberto Gómez Bolaños
Intérpretes: 'Viruta y Capulina' y Elsa Cárdenas.

'DOS MESEROS MAJADEROS'
Director: Gilberto Martínez Solares
Guión: Roberto Gómez Bolaños
Intérpretes: 'Viruta y Capulina' y Luz María Aguilar.

1966

'LA BATALLA DE LOS PASTELES'
Director: Agustín P. Delgado.
Guión: Roberto Gómez Bolaños
Intérpretes: 'Viruta y Capulina' y Pili Gaos.

'DETECTIVES O LADRONES' (DOS AGENTES INOCENTES)
Director: Miguel Morayta
Guión: Roberto Gómez Bolaños
Intérpretes: 'Viruta y Capulina' y Héctor Lechuga.

'UN PAR DE ROBACHICOS'
Director: Miguel Zacarías.
Guión: Roberto Gómez Bolaños
Intérpretes: 'Viruta y Capulina' y Ofelia Montesco.

'DOS PINTORES PINTORESCOS'
Director: René Cardona
Guión: Roberto Gómez Bolaños
Intérpretes: 'Viruta y Capulina' y Regina Torné.

'UN NOVIO PARA DOS HERMANAS'
Director: Luis César Amadori
Guión: Roberto Gómez Bolaños
Intérpretes: Pilli y Milli y Joaquín Cordero.

1967

'EL ZÁNGANO'
Director: Agustín P. Delgado.
Guión y Actuación: Roberto Gómez Bolaños
Intérpretes: Gaspar Henaine 'Capulina', Jacqueline Andere y Carlos Lico.

Meza hacía el papel de su esposa; Rubén Aguirre al presidente del equipo; Ramón Valdés al director técnico, Carlos Villagrán era uno de los futbolistas, Edgar Vivar el médico del club y María Antonieta de las Nieves la secretaria del mismo.

En su estreno, 'El Chanfle' rompió todos los récords de taquilla; incluso superó los ingresos de 'El Patrullero 777', cinta protagonizada ese año por Mario Moreno 'Cantinflas', lo que en lo sucesivo le reportó que el público acudiera en forma masiva a sus siguientes proyectos cinematográficos.

TUVO ESTRELLA COMO DIRECTOR

Dos años más tarde debuta como director con 'Charrito' (1980), cuyo estreno tuvo lugar hasta 1984. La trama giraba en torno a la filmación de un western en un medio rural. En ella participaba un actor secundario apodado 'Charrito', cuya torpeza obligaba a la producción a repetir muchas escenas y gastar más dinero.

Un suceso en Los Ángeles.
La cinta dirigida por Enrique Segoviano causó conmoción en California. La marquesina del Million Dollar lució durante varias semanas el título.

Actuación memorable.
Fue la última vez que Ramón Valdés y Rubén Aguirre alternaron en los sets de cine. El primero gozó de las simpatías del público donde quiera que se presentaba. También actuaron Angelines Fernández y Raúl 'El Chato' Padilla (abajo).

La dama joven era Florinda Meza, quien encarna a una maestra rural cuya escuela es empleada para el rodaje de algunas escenas de la película. Rubén Aguirre interpreta al director y María Antonieta de las Nieves a la actriz. Actúan también Raúl 'El Chato' Padilla, como el Sherif del pueblo y padre de la maestra, Angelines Fernández, Horacio Gómez, Víctor Alcocer, Benny Ibarra, Arturo García Tenorio y Gilberto Román.

En 1981 retomó los personajes de 'El Chanfle' y escribe la secuela con los mismos actores, a excepción de Carlos Villagrán y Ramón Valdés, que se habían separado del grupo en 1979 y 1980, respectivamente.

"Condicioné esto a que pudiera tener un argumento que justificara el hecho, lo cual fue relativamente fácil. Lo que no resultó fácil fue hacerme cargo de la dirección. Emilio Azcárraga me dijo que él y varios ejecutivos de Televisa habían visto la copia ya terminada de 'Charrito', y no les había gustado. En consecuencia, dedujeron que había fallado como director y, por tanto, buscarían otro para este nuevo proyecto. Me negué rotundamente, la dirigí y fue otro éxito de taquilla. Y lo mismo ocurrió con 'Charrito'".

Oficialmente llamada 'El Chanfle II', se estrenó en las salas de cine el 14 de enero de 1982, y el público se divirtió con las aventuras de 'El Chanfle', quien se dedica a buscar un balón que contiene joyas y que pasa de mano en mano entre personas honradas y criminales.

Justamente ese éxito le reportó otra nueva oportunidad como escritor, director y actor a través de 'Don ratón y don ratero' (1983), cuya trama se desarrollaba en la ciudad de México de los años 20. Ahí Roberto Gómez Bolaños interpretó a un exterminador de plagas, quien es confundido con un matón que debe llegar a un pueblo a eliminar dos bandas de gángsters rivales. Las dos tratan de eliminarlo, pero él acaba con ellos casualmente.

'OPERACIÓN CARAMBOLA'
Director: Alfredo Zacarías.
Guión y actuación: Roberto Gómez Bolaños
Intérpretes: Gaspar Henaine 'Capulina', José Díaz y Alicia Bonet.

1968
'LAS TRES MAGNÍFICAS'
Director Miguel Morayta
Guión y actuación: Roberto Gómez Bolaños
Intérpretes: Lucha Villa, Maura Monti y Renata Seydel.

'LA PRINCESA HIPPIE'
Director: Miguel Morayta
Guión: Roberto Gómez Bolaños y Miguel Morayta.
Intérpretes: Pili y Mili y Enrique Guzmán.

'EL CUERPAZO DEL DELITO'
Director: Rafael Baledón
Actuación: Roberto Gómez Bolaños.
Intérpretes: Silvia Pinal, Enrique Rambal y Tito Junco.

'EL AMOR DE MARÍA ISABEL'
Director: Federico Curiel.
Actuación: Roberto Gómez Bolaños.
Intérpretes: Silvia Pinal, José Suárez y Aldo Monti.

1969
'LA HERMANA TRINQUETE'
Director: René Cardona
Actuación: Roberto Gómez Bolaños
Intérpretes: Silvia Pinal, Manolo Fábregas y Carlos East.

1970
'¡AHÍ MADRE!'
Director: Rafael Baledón
Argumento: Roberto Gómez Bolaños.
Intérpretes: Enrique Cuenca y Eduardo Manzano 'Los Polivoces' y Norma Lazareno.

'PRINCESA Y VAGABUNDA'
Guión y actuación: Roberto Gómez Bolaños.

'FRAY DÓLAR'
Director: Raúl Peña
Guión: Roberto Gómez Bolaños
Intérpretes: Víctor Alcazar, Ricardo Bauleo y José Escudero.

1979
'EL CHANFLE'
Director: Enrique Segoviano.
Guión y actuación: Roberto Gómez Bolaños.
Intérpretes: Florinda Meza, Ramón Valdés y Carlos Villagrán.

1982
'EL CHANFLE II'
Guión, dirección y actuación: Roberto Gómez Bolaños.
Intérpretes: Florinda Meza, María Antonieta de las Nieves y Rubén Aguirre.

1983
'DON RATÓN Y DON RATERO'
Guión, dirección y actuación: Roberto Gómez Bolaños.
Intérpretes: Florinda Meza, Edgar Vivar y Rubén Aguirre.

1984
'CHARRITO'
Guión, dirección, actuación y composición: Roberto Gómez Bolaños.
Intérpretes: Florinda Meza, María Antonieta de las Nieves y Rubén Aguirre.

1988
'MÚSICA DE VIENTO'
Guión, dirección y actuación: Roberto Gómez Bolaños.
Intérpretes: Florinda Meza, Edgar Vivar y Rubén Aguirre.

Ídolo popular.
Si la televisión lo catapultó a la fama, el cine lo consagró como ídolo de multitudes, especialmente en Centro y Sudamérica, donde sus cintas también fueron auténticos sucesos de taquilla.

En el rodaje 'Chespirito' hizo gala de sus habilidades para bailar tap, cuyo estudio había iniciado en 1979 a propuesta de Florinda Meza, quien también apareció cantando y bailando en dos números musicales.

"El reparto era casi el mismo de 'Charrito', con la participación de Edgar Vivar y Alfredo Alegría. Como la acción transcurría en los años 20, la cinta requirió de una ambientación complicada que incluía, entre otras cosas, el alquiler de autos antiguos, vestuario de la época y extras, cuya contratación se me negó en principio. Pese a ello, fue la mejor película de las que filmé, y fue otro éxito de taquilla".

Luego de que en 1988 Emilio Azcárraga Milmo, presidente de Televisa, lo invitó a formar parte de un comité encargado de evaluar los proyectos que produciría la empresa, filmó otro grande éxito de taquilla: 'Música de viento'.

Acompañado en esta ocasión por Florinda Meza, Juan Peláez y Bruno Rey, el comediante encarnó a Quevedo, fiel jefe de relaciones públicas de una empresa, que impide un atentado contra su patrón, y desde ese momento sufre ataques de flatulencia que le provocan numerosos problemas.

Y aunque su osadía de dirigir cine le reportó, en su momento, innumerables críticas de sus enemigos, en 1991 manifestó claramente su filosofía en este sentido, en una entrevista concedida al diario Excelsior.

"Incursionar como director de cine no significa que pretenda ser mejor o peor que alguien, pero dije: 'Voy a dirigir, porque soy el único idéntico a mí, y para evitar que en la pantalla cambiaran lo que había escrito. Puede salir bien o mal, pero es mi idea, además de que me considero un buen director. Es muy frecuente que los productores, por el simple hecho de comprar un argumento, se sientan con derecho a cambiar el guión".

FUE TAMBIÉN PRODUCTOR
A principios de 1996, Emilio Azcárraga Milmo le propuso otro reto en la industria cinematográfica: asumir la dirección de Televicine, filial de Televisa encargada de la producción cinematográfica, que 18 años atrás había iniciado con 'El Chanfle'.

"Seguimos ostentando tus películas como las más exitosas", le argumentó, y no le quedó más que aceptar.

Su gestión al frente de este grupo duró exactamente dos años y medio (del primero de febrero de 1996 al primero de agosto de 1998), tiempo durante el cual produjo 10 largometrajes.

Nueva aventura.
En 1980, Roberto Gómez Bolaños emprendió el reto de dirigir un argumento propio: el filme 'Charrito', que también protagonizó. Luego repitió la experiencia con 'Música de viento'.

Un elenco memorable.
En 1992, acompañado de Florinda Meza, Moisés Suárez, Juan Antonio Edwards y Óscar Bonfiglio, emprendió una de sus más existosas aventuras en el escenario: la obra '11 y 12'.

Un genio también
en los escenarios

La música y el teatro marcaron los primeros contactos de Roberto Gómez Bolaños con el arte. Un promotor de esos acercamientos fue, sin duda, su padre, Francisco Gómez Linares, quien, además de pintar, también cantaba, declamaba y tocaba instrumentos de cuerda como la mandolina y la guitarra.

Años más tarde, siendo ya un adolescente, escribió algunas obras de teatro que representaba con sus amigos de la banda 'Los Aracuanes', en las calles de una de las colonias más exclusivas de la ciudad de México. Eso le empezó a dar las tablas necesarias para incursionar más tarde en los escenarios, y donde, curiosamente, no alternó con todos sus compañeros que le ayudaron a escribir memorables páginas en la pantalla chica.

DEBUTÓ CON OBRA PROPIA
A mediados de los cincuenta, empezó a escribir una comedia teatral que no pudo concluir por varias razones; la principal, la falta de dinero para montarla, en caso de terminarla, además de no tener idea de quiénes podrían ser sus protagonistas. Él, incluso, pensó hacerlo confiando en sus primeras participaciones como actor en

> *Nunca vencí el miedo escénico, pero me ayudó mucho el público.*
>
> *Toda la vida, en el momento de entrar al escenario, traía arraigado el miedo, pero lo perdía rápidamente con la primera reacción positiva del público. Eso me ayudaba a diluirlo*.

cine y televisión, pero le frenó el hecho de que nadie lo conocía, pues entonces sólo había cumplido papelitos en algunos programas de 'Cómicos y canciones'. También pensó en Alejandro Suárez y Norma Lazareno, cuyo incipiente cartel no acaparó la atención de los productores.

Pero un día de 1966 se le acercó el entonces ayudante de producción Humberto Navarro, y le ofreció integrar una sociedad para hacer realidad su sueño. Así fue como estrenó 'Silencio, cama, acción' en el Teatro Sullivan de la capital mexicana. Y aunque en principio las entradas fueron magras, los pocos

Fanático del teatro. Desde su adolescencia, Roberto Gómez Bolaños manifestó su pasión por este arte.

espectadores que asistían reían mucho y salían hablando bien de la obra y de los actores. Así fue aumentando la asistencia, pero no lo suficiente para que su socio se mostrara dispuesto a seguir después de cumplir 100 representaciones.

"Seguí solo con el paquete, y sucedió lo que había previsto: la situación mejoró a tal grado que empecé a recuperar un poco de lo perdido", contó alguna ocasión don Roberto Gómez Bolaños.

Pero sólo un poco, porque entonces ocurrió algo inesperado en aquellos tiempos: la televisión anunció que transmitiría en vivo los partidos del Campeonato Mundial de Futbol que se efectuaría en Inglaterra. Y la televisión cumplió lo prometido, motivo por el cual todos los teatros quedaron prácticamente vacíos.

"Era una situación que no podía soportar mi reserva bancaria, que en esos momentos ya había descendido a algo así como 15 o 20 centavos, de manera que decidí dar por terminada la temporada luego de 140 representaciones. No obstante, una vez concluido el campeonato de futbol, salí de gira por algunos lugares de la república y alcance a recuperar más la inversión".

"TÍTERE", SU AVENTURA EN EL MUSICAL

Su incursión como argumentista cinematográfico y éxito como guionista y actor de 'El Chapulín Colorado' y 'El Chavo' le mantuvieron alejado de los escenarios teatrales por espacio de dos décadas. Una vez concluido el auge de sus personajes, la oportunidad de subir el telón se presentó hasta 1984.

Su peor fracaso.
La única ocasión que cumplió temporada en cabaret, no logró reunir a más de 30 personas por función.

1992
Finalizaron las grabaciones del programa 'El Chavo', que Edgar Vivar abandonó previamente por motivos de salud. Estrenó la obra '11 y 12', en el teatro Libanés de la ciudad de México, e implantó marca de siete años de duración de su temporada de estreno en el mismo teatro.

Cinco años antes, él y Florinda Meza iniciaron estudios de tap, sin imaginar que esta disciplina sería fundamental para encarar un proyecto ambicioso: la comedia musical 'Títere' que, basada en el inolvidable 'Pinoccio', de Carlo Collodi, dirigió el propio Roberto Gómez Bolaños, además de ser autor y músico de las letras de las canciones.

Encabezando también el elenco, encarnó a Pepe Grillo, maestro de escuela, en lo que se promocionó como 'La aventura musical más tierna de todos los tiempos'. Pero, cosa curiosa, Florinda, en el papel de Betel; Raúl 'El Chato' Padilla, como Gepetto, y Angelines Fernández como El Hada Marina y Horacio Gómez como Strómboli, fueron los únicos integrantes de su elenco televisivo que trabajaron con él en los desaparecidos Televiteatros de la Ciudad de México.

"Yo había planeado que María Antonieta de las Nieves interpretara a 'Pinocho', pero ella rechazó el papel al enterarse que no llevaría el primer crédito. Entonces contratamos a un joven cuya actuación fue insuperable: Rodolfo Rodríguez, quien tenía los dones del canto y del baile, aparte de una enorme simpatía personal".

La comedia musical en dos actos se estrenó en los Televiteatros de la ciudad de México y, aunque en principio la concurrencia fue bajísima, poco a poco mejoró hasta agotar las mil 400 localidades que existían por función, lo que hizo de la obra una de las más exitosas en la historia del teatro en México.

Otro dato curioso: 'Títere' marcó el debut como actor de Roberto Gómez Fernández, hijo de Chespirito, quien encarnó a un joven pillo que hace la vida imposible a 'Pinocho' y Gepetto.

"11 Y 12", SU MAYOR ÉXITO EN TEATRO

Inspirado, quizá, en el éxito que reportó 'Títere' en México y otros países de Latinoamérica, Roberto Gómez Bolaños comenzó a escribir una comedia ex profeso para ser protagonizada por Mauricio Garcés, pero la interrumpió cuando el galán enfrentó problemas de salud (afonía crónica) que harían imposible su participación. Con su muerte, ocurrida el 27 de febrero de 1989, se archivó el proyecto.

Meses después, Florinda Meza recuperó y le echó un vistazo a la obra llamada tentativamente 'El injerto'. Sugirió a Roberto Gómez Bolaños terminarla, adaptando la trama de manera tal que él se convirtiera en el personaje central.

También le pidió jugar con un código numérico aplicado al cuerpo humano que, en

Temporada inolvidable.
La obra '11 y 12' permaneció en la cartelera del teatro Libanés por más de siete años consecutivos.

una fugaz temporada de cabaret, le había reportado buenos dividendos. El resultado de esta mezcla fue otro suceso de la cartelera teatral en México: '11 y 12'.

La aventura inició el 9 de abril de 1992 en el Teatro Libanés, cuya marquesina encabezaban 'Chespirito' y Florinda Meza, teniendo como acompañantes a Juan Antonio Edwards (quien interpretó a Fernando Lobo, el comodino playboy diseñado para Mauricio Garcés), Arturo García Tenorio y Mario Casillas.

Dividida en dos actos, la obra narra la bochornosa situación de Eloy Madrazo (Roberto Gómez Bolaños), quien pierde sus partes nobles en un accidente, y la forma en que trata de lidiar con esto para poder procrear con su esposa (Florinda Meza), mujer obsesionada con las cosas finas y bonitas, y a quien se le hace muy poca cosa su marido por ser chaparrito y feito. Además, el personaje central es tan penoso que prefiere no llamar las cosas por su nombre, por lo que decide ponerle un número a cada parte de su cuerpo.

Y aunque la temporada arrancó con baja asistencia (en las primeras funciones los espectadores no excedían de 20), el letrero de 'Localidades agotadas' apareció en taquilla mes y medio después, gracias a una original promoción televisiva que, orquestada por Roberto Gómez Fernández, mostraba al público botado de la risa.

El Chavo Animado, Show en Vivo
Debido también al éxito que obtuvo este programa de caricaturas, Televisa Consumer Products produjo en 2010 'El Chavo Animado, Show en Vivo', musical para niños que retomó los personajes, humor y canciones de la serie creada por Roberto Gómez Bolaños. Los actores se presentaron en el Teatro Metropólitan de la ciudad de México y otras plazas caracterizados con botargas que se asemejan a los personajes originales de la serie animada, y la trama se enriqueció con despliegue de multimedia, efectos especiales y otras sorpresas.

Al paso del tiempo, la obra implantó una marca de siete años de duración en su temporada de estreno en el mismo teatro, con tres mil doscientas funciones. En ese logro figuraron también Moisés Suárez y Oscar Bonfiglio.

AHORA ESTARÁ EN BROADWAY
Durante los 90, justo mientras paladeaba el éxito teatral de '11 y 12', Roberto Gómez Bolaños escribió el argumento titulado 'La reina madre', con el que ganó un premio de literatura en la Sociedad General de Escritores de México (SOGEM). La comedia en dos actos está basada en la vida de la mamá de Charles Chaplin, y desde noviembre de 2011 Florinda Meza emprendió tratos con productores de Broadway para llevarla a los escenarios como comedia musical. "Mi padre también puso letra y música a algunos números", ha revelado su hija Marcela Gómez. "Hay entusiasmo, y sólo esperamos la respuesta que apunta a ser positiva".

La más grande

satisfacción de su vida

En cuanta oportunidad tiene, Roberto Gómez Bolaños manifiesta que sus viajes a lo largo y ancho del continente para presentar su espectáculo fueron, por mucho, la más grande satisfacción en su vida: "Los lugares que he visitado y el cariño del público que no tiene precio han sido inconmensurables, a mi modo de ver, y lo seguirán siendo por un rato".

Toda América, a excepción de Cuba, presenció el espectáculo generalmente de dos actos: el primero a cargo del elenco de 'El Chavo', donde se incuían diálogos, acción, bailables y canciones en torno a una trama que simulaba la actuación espontánea e improvisada de un grupo de vecinos del barrio en que vivían. Todo había sido profusamente planeado y ensayado, de modo que fueron muy eventuales las improvisaciones. Lo mismo puede decirse del segundo acto, protagonizado por 'El Chapulín Colorado' y acompañado también por todo el elenco.

1994

El 3 de febrero falleció Raúl 'El Chato' Padilla, a consecuencia de diabetes. Un mes después, el 1 de marzo, Angelines Fernández también murió, como consecuencia de su adicción al tabaco. Dato curioso, la intérprete de 'La Bruja del 71' murió a los 71 años de edad.

De hecho, el momento que más guarda con felicidad de su carrera se registró durante una gira por Colombia, y siempre la refiere como anécdota.

"Para construir una presa trasladaron el pueblo donde actuaríamos a otro lado. Cuando llegamos a conocerlo como turistas, se acercaban niños al autobús para vendernos figuritas. Entonces uno me vio, abrió los ojos y me dijo: "Aquí te traigo", y me mostró un 'Chavo' de madera. Me regaló todo lo que traía para vender y los demás le hicieron regalo a mis compañeros. Ocasionalmente nos sucedió que no nos cobraba el taxista, que nos regalaban objetos, que se suben al escenario para regalarme una torta de jamón o un balero de verdad, porque veían que yo usaba uno hecho con un bote, o que me obsequiaran zapatos, pues los del Chavo van rotos. Pero la espontaneidad de ese obsequio, que era por cariño, es uno de mis mejores recuerdos".

Su segunda familia.
25 años de trabajo en televisión permitieron a Édgar Vivar, Florinda Meza, Rubén Aguirre, Roberto Gómez Bolaños y Raúl Padilla formar un clan donde el respeto fue pieza clave de su éxito.

"Tengo ratitos de infelicidad como todo mundo, pero ratotes de felicidad que no tiene todo mundo".

A sus 83 años de edad (cumplidos en febrero de 2012), Roberto Gómez Bolaños conserva la vena humorística que en las últimas cuatro décadas lo consolidó como una de las más grandes figuras de la televisión en México.

"También desde mi niñez conservo la misma estatura", respondió en alguna de las decenas de entrevistas que ha concedido últimamente en distintos países de América, y gracias a las cuales nos enteramos que estuvo a punto de quedar inválido tras someterse a un par de operaciones de próstata, y que rechazó una propuesta de Antonio Banderas para hacer cine y también la de volverse comentarista deportivo.

"No quiero volver a la televisión. Prefiero dedicarme a escribir, pintar, ver documentales, tocar la guitarra, ver un partido de futbol y dormir una siesta después de comer. Con el tiempo he aprendido a apreciar más los paisajes y una buena compañía. Tengo ratitos de infelicidad como todo mundo, pero ratotes de felicidad que no tiene todo mundo. Además, para seguir siendo joven hay que tener proyectos; quien

los tiene puede ser joven, aunque tenga 90 años. Quien no los tiene, es anciano aunque tenga 15".

Compendiamos algunas preguntas con sus respectivas respuestas para desnudar los sentimientos y maneras de ver la vida de quien, gracias a 'El Chapulín Colorado' y 'El Chavo del ocho', conquistó a todo un continente que hoy le tributa su cariño incondicional, a través de 'América celebra a Chespirito'.

> *Mi orgullo más grande es haber seleccionado a los mejores actores que había para integrar mis elencos. Y sin miedo, como me decían algunos, a que me superen o destaquen mucho. Yo quiero que se destaquen todos, y quien no destaque sí me estorbaría un poco. Mi grupo ha sido el mejor en la historia de América Latina*

"LA FAMA ES ALGO SECUNDARIO"
Don Roberto, ¿habrá alguien más querido y famoso que usted en América Latina?

"Que lo digan otros. Eso no es importante para mí; lo es ir haciendo una labor que sea fructífera y, si se logra algo más, bueno, pero hasta ahí. La fama es algo secundario; lo principal es ser honesto consigo y tratar de hacer el bien".

¿A qué cree que se deba su buena salud?

"Entre otras cosas, a que jamás he probado una droga. Además, solamente una o dos veces he ido a una discoteca o antro a desvelarme con una música ruidosa. A Florinda y a mí no nos gusta".

¿Qué tanto soñó usted con el 'Chespirito' que es hoy?

"Lo curioso es que jamás lo soñé, y todo me fue sucediendo tardíamente. Eso puede servir a la gente como estímulo porque, la primera vez que hice algo fue con 'El Chapulín Colorado', y ya tenía yo 41 años, y con 'El Chavo' 42. Nunca es tarde para empezar.

Eso quiero decirlo a quienes dicen: 'Ya no tengo oportunidad'; siempre la hay".

¿Cómo ha conquistado el corazón de distintas generaciones?

"No lo sé. Yo escribí siempre pensando en lo que a mí me divertiría. Sabía que algo causaría risa, pero si no estaba de acuerdo con mi ética o gusto, no lo incluía. En muchas partes escucho que las televisoras dicen que consultaron al público para darle lo que quiere; Yo hice lo contrario, lo que yo quería y esperé que hubiera mucho público con ese gusto. Nunca he hecho las cosas pensando en lo que le gustaría al público".

¿A qué personajes extraña de todos los que interpretó?

"Al que más, al 'Chómpiras', por lo ameno y cómodo que era grabarlo; se acercaba más a mi edad, no era ni lo joven de 'El Chavo', ni el viejito 'Chapatín', tampoco el superhéroe como 'El Chapulín Colorado'. Se adecuaba más a mí y decía cosas que me hubiera gustado decir y nunca me atreví. Era el que más me

satisfacía cuando actuaba, tenía una personalidad envidiable, porque no quería discutir con nadie… Además estaba a su lado Florinda Meza, como 'La Chimoltrufia', que era fascinante. Ella ha sido el personaje femenino más gracioso que he visto".

¿A cuál de todos sus personajes se parece usted?

"Al 'Chapulín Colorado', porque he sido miedoso toda mi vida. Pero, al igual que él, he superado el miedo. Soy valiente en realidad. También me sentía a gusto como 'El Chapulín Colorado', porque me parezco a él en el sentido de que soy hábil y ágil cuando pongo atención o cuando quiero hacerlo, y torpe cuando no lo hago. Cuando no pongo atención, me golpeo, me caigo".

¿A quién representaba 'El Chavo'?

"Era un niño pobre que vendía globos. Es la imagen de muchos niños en Latinoamérica. Para crearlo, tomé una acción que tenía una de mis hijas que era muy nerviosa; bailoteaba enfrente de mí cuando hablaba. Eso me encantó y se lo puse a 'El Chavo'".

"QUIERO MORIRME UN RATITO"
Si un día pudiera hacer lo que quisiera, ¿que sería?

"A lo mejor morirme un ratito, pero para saber qué es lo que pasa. Es una curiosidad muy grande: ¿Qué hay ahí? Me han preguntado que si me da miedo la muerte, pero les digo que a morirme no. Lo que sí es a estarme muriendo y, si es doloroso, ¡pues más! Y tengo otros miedos: mis pesadillas recurrentes en lugares sucios, muy sucios".

Se dice que todos volvemos a ser niños, ¿usted que quiere ser cuando sea niño?

"Lo que fui, porque jugué mucho. Mi familia tuvo altibajos económicos enormes. Mi papá ganaba buen dinero como pintor, pero se lo bebió todo, murió muy joven y mi mamá quedó con un montón de deudas. Así que nunca tuve una bicicleta o trenecitos eléctricos o de esos juguetes caros, pero no me faltaba una pelota. Eran los tiempos en que los niños podíamos jugar en las calles, inclusive patinar. Era una illusión enorme la de ir a jugar con los amigos el trompo, el yoyo, la cuerda, el balero… muchos juegos!".

El nombre de 'Chespirito' viene de Shakespeare, ¿qué acercamiento ha tenido con este escritor?

"He leído y visto en cine algunas de sus obras, pero en teatro jamás. Admiro su creatividad, es un gran autor y me enorgullece mucho que me hayan puesto un apodo en ese sentido".

¿Por qué no llevó ninguno de sus personajes de la televisión al cine?

"Porque no era adecuado. Para comenzar, imagínese al 'Chavo' del tamaño de la pantalla de cine. Yo nunca pretendí que la gente creyera que era un niño, sino que aceptaran que era un adulto interpretando a un niño, y lo conseguí. Pero esa cara del 'Chavo' en una pantallota grande, ¡qué horrible! Inclusive una vez estaba yo grabando otra cosa y me dijeron: 'Te hablan desde Brasil'. Era Pelé, ¡mi ídolo! Quería hacer una película conmigo. Yo estaba dispuesto, por supuesto, pero él quería que fuera con 'El Chavo', y le dije: 'No, con 'El Chavo', no'. Creo que no desperdicié la oportunidad, estoy seguro que hice bien en no llevar nunca a la pantalla eso".

2000
1 de abril. Con motivo del 30 aniver-sario del programa 'Chespirito', Tele-visa le rindió maratónico homenaje. Por otra parte, apoyó la candidatura presidencial de Vicente Fox. También murió su hermano Francisco, y un año antes (21 de noviembre de 1999) su hermano Horacio.

Sus creaciones siguen repitiéndose en Latinoa-mérica, ¿cómo explica la dimensión que lograron sus personajes?

"Es algo que, sin falsa humildad, sigue asombrán-dome, que no asimilo. Lo agradezco infinitamente a Dios, a la vida, pero no lo comprendo. Me encuentro con gente que me dice: 'Yo te veía, luego mis hijos, luego mis nietos'. Otros me dicen: 'Yo crecí contigo'. Y les advierto que el único que no creció fui yo. Mi apor-tación ha sido la honestidad y trabajar mucho, pero no es suficiente para lo que ha sucedido".

¿Ve actualmente sus programas?

"Sí. No diario, pero cuando puedo los veo y me divierto, porque se me han olvidado muchas de las cosas. A mí mismo me sorprenden".

¿Aún ríe con ellos?

"Guardo una postura muy neutral, y me río más de una cosa que de otras. Mi actor favorito era Ramón Valdés, ¡me muero de risa con todo lo que dice! Con el que menos, es conmigo. Mi mujer, en el papel de la 'Chimoltrufia', también me enloquece. En general los veo con la óptica del análisis".

"HABER FUMADO, MI MAYOR FRACASO"
¿A qué atribuye su éxito, aparte de la calidad de su elenco?

"A que siempre promovió los valores éticos. Nunca nos burlamos de los defectos físicos de las personas ni de sus creencias. ¡Es increíble que hoy se piense que los valores son cosas anticuadas y del pasado!".

¿De dónde sale el torrente de humor blanco que posee?

"La inspiración sale de que me pongo a trabajar. Lo que obtiene uno es 10% de inspiración, y 90% de transpiración; es decir, sudor, trabajo".

Mucho del humor se basaba en pequeños accidentes. ¿De dónde salían esos detalles?

"Algunas veces reproducía lo que veía y otras lo que me pasaba. Alguna vez fui a un evento y, cuando regresaba, sentí el cuerpo desnivelado. Mi sorpresa fue que traía puestos dos zapatos dispares. A veces puedo contar esas cosas y la gente cree que las invento, pero me especializo en derribar copas, botellas y comida".

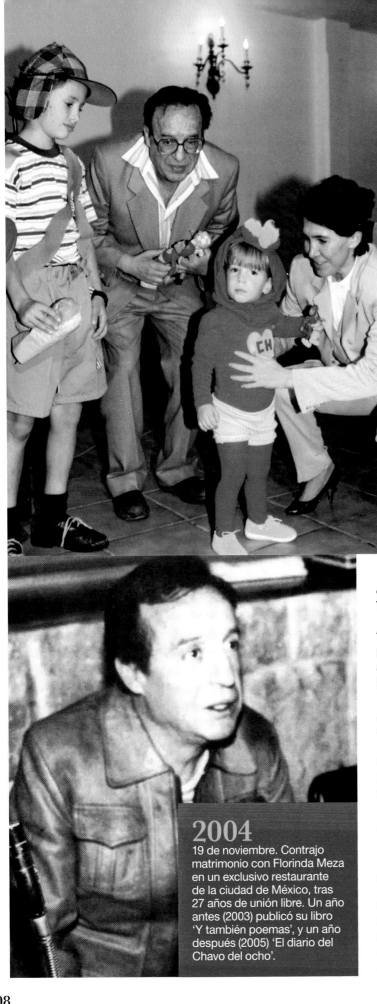

2004

19 de noviembre. Contrajo matrimonio con Florinda Meza en un exclusivo restaurante de la ciudad de México, tras 27 años de unión libre. Un año antes (2003) publicó su libro 'Y también poemas', y un año después (2005) 'El diario del Chavo del ocho'.

¿Qué es lo que usted considera aportó a la televisión en México y Latinoamérica?

"Unicamente una diversión sana. Yo no he pretendido ser maestro ni guía cultural, pero sí hacer pasar ratos agradables. La gente debe divertirse así como debe comer, pero con cosas que no le hagan daño. En buena medida yo conseguí eso".

¿Qué tan representativos de la hispanidad son sus personajes?

"No sé. Ojalá lo sean mucho. Soy un adorador de mi idioma hasta el infinito, de todo Hispanoamérica. He tenido la oportunidad de recorrerla toda; sólo me falta Cuba".

¿Cuál ha sido su mayor éxito

"Por mucho, haber dejado de fumar".

¿Cuál ha sido su mayor fracaso?

"Haber empezado a fumar. Cometí la estupidez más grande que puede cometer la gente: fumé. Hoy puedo hacer muchas cosas con la voz, menos el 'Pi-pi-pi…' (el llanto de 'El Chavo'). Tengo que hacerlo aspirando, y tengo los bronquios hechos camote".

"PIENSO A DIARIO EN LA MUERTE"
¿Ganó mucho dinero?

"Lo suficiente, pero menos de lo que mucha gente cree y mucho más de lo que pensé en llegar a tener. Entonces, no me moriré ya de hambre nunca, pero tampoco tendré una casa en Acapulco y otra en Miami como un actor gringo".

¿Qué le hace llorar?

"Muchas cosas, aunque a veces no lloro abiertamente, sino para adentro. Me sucede algo parecido con la risa: hay veces que no es notoria, pero es muy fuerte, igual que el llanto. Quizá eso sucede porque de niños nos dicen que los hombres no lloramos, pero yo decía: '¡Están locos, cómo de que no!', e intenta uno disfrazarlo un poco".

¿Cuál es el sueño de su vida que aún no se cumple?

"Pienso a diario en la muerte, y no ahora, desde siempre. Suena duro, pero es el acontecimiento futuro más importante que puede tener un ser humano, desde un niño hasta un grande. Es una incógnita tremenda: ¿qué va a pasar?. Me angustia, pero no demasiado. Creo que no pasa nada terrible".

El mexicano tiene fama de machista, ¿usted lo es?

"Machista no. Machito sí. Yo respeto mucho a la mujer; creo que es igualmente capaz que el hombre. En muchas cosas no soy mexicano. Quiero mucho a mi país, pero no soy machista ni nacionalista; no me gusta eso. Los nacionalismos llevan a Hitler y cosas así".

¿Alguna vez el éxito o la fama lo marearon?

"No, porque la popularidad me llegó cuando yo ya era un hombre maduro, ya rebasaditos los 40 años. Eso impidió que yo me envaneciera, como sucede lógicamente con un boxeador que a los 18 años comienza a ser famosísimo y cree ser dueño del mundo. Entonces, como 'El Chapulín Colorado', tenía fríamente calculada la posición que tenía en el ámbito de la actuación".

¿Qué le hace falta para ser completamente feliz?

"Que crezcan la bondad y el perdón en el mundo".

Sabemos que el gusto del Chavo por las tortas de jamón eran por usted. ¿Le siguen gustando?

"Claro que sí, porque son mejores que las de frijoles. Las de frijoles también son deliciosas, pero las de jamón alimentan un poquito más".

Un verdadero amante de las letras

> " *Escribir es lo que no quiero dejar de hacer nunca; lo haré hasta que me muera o ya no pueda* " .

Si bien su nombre se popularizó gracias a la creación e interpretación, en cine y televisión, de una vasta galería de simpáticos personajes, el verdadero oficio de Roberto Gómez Bolaños fue, es y seguirá siendo escritor. Hoy, retirado por completo de la pantalla chica, su mayor anhelo es seguir ejerciendo la actividad literaria que, a la fecha, redituó tres libros escritos en la primera década del siglo XXI.

"... Y TAMBIÉN POEMAS" (2003)

A través de sus 152 páginas, Roberto Gómez Bolaños pone al descubierto otra de sus facetas al presentar una selección de poesías amorosas, a veces reflexivas y otras humorísticas, escritas en versos y con rima, ritmo y métrica. "¿Que si sigo escribiendo poemas? Nunca lo he dejado de hacer; es un sentimiento que brota casi siempre espontáneamente. No sé cuándo los vaya a publicar. No creo llegar a hacer una colección suficiente como para editarla en otro libro. Tal vez para añadirlos a una reedición de la anterior, eso sí podría ser".

"EL DIARIO DEL CHAVO DEL OCHO" (EDITORIAL DIANA, 2005)

En este volumen, 'Chespirito' narra a través de su entrañable personaje las aventuras vividas antes de su llegada a la vecindad, su arribo a ésta y sus aventuras en ella con todos sus habitantes. También presenta, por primera vez, otra manifestación de su talento artístico: las viñetas y dibujos que van intercalados en el texto de 163 páginas, y que son igualmente de su autoría.

"SIN QUERER QUERIENDO" (EDITORIAL AGUILAR, 2006)

Integrada por 450 páginas, esta autobiografía recopila andanzas, luchas y triunfos del escritor, actor, director y productor que conquistó al mundo del

espectáculo mediante su trabajo y tenacidad. A través de innumerables anécdotas, Roberto Gómez Bolaños relata sus travesuras de infancia, aventuras de juventud y, por supuesto, su ingreso fortuito al mundo de la radio y la televisión, donde surgieron su más entrañables personajes.

ESCRIBIÓ TAMBIÉN DE FUTBOL

En 2009, un problema cerebral le afectó la movilidad de gran parte de su cuerpo, que hoy le impide moverse con normalidad, y sólo escucha por el oído derecho. Pese a ello, 'Chespirito' mantiene la sana costumbre de escribir, entre otras cosas, cartas, ensayos y un libro llamado 'Adiós amigo', donde se despide del futbol, su gran pasión.

"Me van a criticar, pero ni modo. Me alejo de él, porque ya no soporto la trampa y la falta de castigo. La impunidad hace mucho daño en todo el mundo. La FIFA (Federación Internacional de Futbol Asociado) es antidemocrática y antideportiva. Hay estrellas como Pelé que han hablado muchas tonte-

rías, y qué decir de (Diego Armando) Maradona", enfatizó.

También escribe un par de ensayos: uno sobre la historia de México y el mundo, pero con humor, y el otro acerca de la risa, que le ha acompañado durante toda su vida profesional.

"Tengo muchos sueños pendientes. El más importante, vivir hasta el último momento; no sé cómo será, pero me da mucha curiosidad. Eso sí, no dejaré de trabajar; mi ámbito será cada vez más reducido y se limitará, más que nada, a la escritura, pero no creo dejar de hacer eso nunca, a menos que un impedimento físico me obligue a eso. Tengo que crear y seguir creando, porque escribir es lo que no quiero dejar de hacer nunca: lo haré hasta que me muera o ya no pueda".

¿No será aburrido dedicarse exclusivamente a escribir?

"No; al contrario. Cada vez leo más y profundizo todo lo que leo, sobre todo historia. Tengo libros de ella por todos lados, me encanta".

2006

En coproducción con Áni Estudios, Televisa realizó 'El Chavo, la serie animad tomando como referencia algunos libretos del progr original. Actualmente está la sexta temporada.

A fin de recaudar fondos, se han organizado subastas de figuras de yeso de manos de grandes personalidades.

Fundación
'Chespirito'
Una iniciativa de enorme corazón

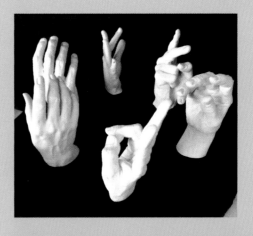

Escudado en la popularidad y, muy especialmente, en la nobleza de sus dos más entrañables personajes ('El Chapulín Colorado' y 'El Chavo'), Roberto Gómez Bolaños creó en septiembre de 2007 la Fundación Chespirito IAP, cuyo objetivo es procurar salud, educación e integración social y familiar a niñas y niños mexicanos de escasos recursos.

"Esta iniciativa está ajena a cualquier connotación política, religiosa y doctrinal. Es una emoción grande. Es que, si hay algo que le hace falta a México, es la educación cívica, la salud y la unión", dijo el comediante al detallar las tareas destinadas a ayudar a millones de peques que, al igual que el personaje de 'El Chavo', pocas veces tienen oportunidad de saborear una torta de jamón y, peor aún, disfrutar el calor y cariño de una familia.

A la fecha, Fundación Chespirito IAP ha apoyado a más de 200 mil pequeños de 13 instituciones, a través de donativos económicos y en especie. Asimismo, en 2011 implementó el programa Chavos más Sanos. Razones de peso para sumar esfuerzos, que tiene como propósito prevenir el sobrepeso, la obesidad y la diabetes en niños mexicanos, utilizando la imagen de la serie animada El Chavo.

Marcela Gómez Fernández, hija de Roberto Gómez Bolaños, preside el grupo, y constantemente convoca a la participación de la sociedad utilizando la frase '¡Échanos una mano!'.

El mejor amigo y padre
más tierno y amoroso del mundo

" Mis hijos son el mejor regalo que me ha dado la vida " .

En el otoño de su existencia, como alguna ocasión la llamó al llegar a la tercera edad, Roberto Gómez Bolaños ha hecho méritos suficientes para ser considerado el personaje más importante en la historia de la televisión de habla hispana de todo el mundo. Pero su calidad y calidez humana derrochada ante familiares y amigos también le permiten jactarse ahora de haber cumplido otro de sus mayores anhelos: ser recordado como un buen hombre y, todavía mejor, como el padre más tierno y amoroso del mundo.

"Sus celos me hicieron pasar muchas vergüenzas": Florinda Meza

"Cuando empezamos a andar como pareja, yo era muy joven y, la verdad, tenía muchos pretendientes; usaba pantalones tan entallados que ni ropa interior necesitaba. Pero él era terriblemente celoso y peleonero y me hacía pasar muchas vergüenzas. Una ocasión estábamos en Argentina, donde los hombres dicen piropos bonitos. Me levanté al baño y se me quedaron viendo porque ya era conocida; me escanearon por delante y por detrás. Seguí caminando y de pronto escuché gritos… ¡Roberto ya estaba discutiendo con ellos!. 'Tu eres una personalidad, no te puedes pelear así', le dije, y poco a poco tuvo que controlar ese carácter, porque sí es complicado un marido celoso. Admiro muchísimas cosas de él, entre otras, sus muchos talentos, pero lo que más es que es un buen hombre".

"Hasta lloro de risa con su humor": Diego Armando Maradona

"Roberto Gómez Bolaños es mi ídolo de verdad. Hasta lloro de risa con su humor y me hace muy bien verlo. Pasé momentos muy malos en mi vida y, cuando veía 'El Chavo' me relajaba y me entraba una tranquilidad muy grande".

"Sin él yo no hubiera sido feliz en mi carrera": María Antonieta de las Nieves

"Soy una persona muy afortunada. Tuve unos padres maravillosos, tengo el mejor marido del mundo y, pese a ello, necesitaba 'algo' en mi vida, y ese 'algo' fue 'Chespirito'. Siento que somos como un matrimonio:

"Nada".

"Como cualquier persona".

"Pues... normal".

Eran algunas de las respuestas que daba cuando, de niña, mis compañeras de escuela me preguntaban: "¿Y qué se siente ser hija de Chespirito?".

Y era verdad. Yo no suponía que tuviera que sentir algo diferente de alguna amiga cuyo padre fuera médico, abogado o ingeniero.

"A ver, hazle como el Chapulín Colorado", "Llora como El Chavo". Bueno, y éstas, ¿qué, creen que yo soy El Chavo o el Chapulín?

"¿Qué tiene el Dr. Chapatín en su bolsita?", ¿Verdad que El Chavo vive en el barril?". Dale... ¡Pues, yo qué voy a saber!

Recordar estos momentos, que se repitieron decenas de veces, me hace acordarme de ese hombre que, en la casa de Tlalpan, bajaba los domingos a desayunar en pantuflas y con su bata de cuadros, y tomaba un café con leche y una y media cucharaditas de azúcar (o, ¿eran dos?); a leer el periódico de pies a cabeza; a ver el futbol y a echarle porras a las Chivas –¡quién lo diría!–; a prepararse para irnos a comer a casa de mi tío Horacio, mi tío Paco, o mi abuelo Carlos; y que, de regreso, en la nochecita, sacaba su guitarra y se ponía a tocar y a cantar: "Ay, mamá Inés, qué bien te ves, con tu vestido ponido al revés"... como un papá cualquiera.

Cuando tenía ocho o diez años, difícilmente me daba cuenta de que tenía un papá especial.

Ahora me doy cuenta de que sí, tengo un papá que salía en la tele y todo eso pero, lo que lo hace verdaderamente especial es que pude verlo muchos domingos, en la casa de Tlalpan, verlo bajar a desayunar en pantuflas y con su bata de cuadros...

¡Te quiero mucho, papá!

Tere.

él hizo a 'La Chilindrina', y yo me siento mamá de 'La Chilindrina'. Sin ese padre tan maravilloso e inteligente que le dio todo, ella no existiría y yo no hubiera sido feliz en mi carrera".

"Siempre ha sido exigente, pero muy amable": Rubén Aguirre
"Hemos trabajado juntos muchos años, y lo quiero tanto como a un hermano. Siempre ha sido muy exigente, pero muy amable; en el foro nunca dijo un 'No' por el 'No'. Te dice 'No, por esto' y te convence. Gracias a eso forjamos una verdadera familia en la que, si bien entre hermanos había roces, también como hermanos nos arreglábamos, pero la prensa se encargó de inflarlos".

"Es el mexicano más grande de la televisión": Édgar Vivar
"Gracias a él emprendí una de las facetas profesionales más importantes de mi vida, y fue mi maestro, mi amigo. Le tengo un cariño muy especial, porque tuvo la distinción de compartirme todo lo que sabe, que es mucho, y el encanto de trabajar con él todo este tiempo y conocer a su familia. Roberto inició en la televisión, y sigue allí mismo, con una difusión, aceptación, imagen y fuerza inigualables. Por eso me atrevo a decir que es el mexicano más grande de la televisión".

Todo en esta vida es un proceso, y por eso el significado de "ser hija" de Roberto Gómez Bolaños ha evolucionado, se ha desarrollado de diferente manera dependiendo de la etapa de vida de ambos.

De niña, significaba una presencia cálida, un estado de paz que, además, le daba estructura a mi vida, a pesar de tener un papá que tenía un trabajo sin horarios ni calendarios. Todo oscilaba entre una cotidianidad afable, armónica y divertida, y experiencias distintas a las que vivían los demás. Risas y momentos inolvidables de sesiones de guitarra y canto; juegos de "idiomas" que se valían del lenguaje y las matemáticas; pláticas que cimentaron las bases morales, hoy huellas indelebles que marcan mi forma de ser. Días de vacaciones diferentes a los de mis amigas porque consistían en acompañarlo a "Televicentro", durante la faena que implicaba un programa de televisión en vivo.

Cuando adolescente, la ambivalencia típica de la edad y las actividades de mi papá se entrecruzaron, por lo que mis sentimientos fluctuaban del disfrute de su presencia a considerar que "ningún otro papá" permanecía las veinticuatro horas del día en su casa más que el mío; o del extrañamiento por su ausencia en las largas giras que realizaba y la urgencia porque no estuviera cuando mis intereses eran "otros", diferentes a los de la convivencia familiar. Experimenté gran orgullo en los escasos momentos en que me percaté de sus logros, y al mismo tiempo me preguntaba –como adolescente- por qué mi papá salía en la tele vestido "en mallas".

Y con los años aprendí a ser su hija, a reconocerlo –creo yo- en toda su extensión.

Hombre inteligente, creativo, trabajador. Gran conversador, amante de la cultura, de la palabra, del sentido del humor, de la VIDA y del ser humano.

Ahora, de adulto, me percato de que su legado de enseñanzas y satisfacciones me construyeron como hija, hermana, madre, esposa y profesionista, y no tengo cómo agradecérselo.

Hoy veo que ser hija de Roberto Gómez Bolaños –Chespirito- es, sobre todo, un gran orgullo.

Te amo

Cecilia

Tu "Negra consentida"

que significaron

2011
29 de mayo. Incursionó en la red social, y su primer mensaje fue: 'Hola. Soy Chespirito. Tengo 82 años, y ésta es la primera vez que tuiteo. Estoy debutando. ¡Síganme los buenos!'. A la fecha tiene casi millón y medio de seguidores.

"Nos recuerda que venimos a dar y no a recibir": Jacobo Zabludovsky
"Es un ejemplo en la televisión mexicana que nos recuerda que venimos a dar y no ha recibir. No encuentro precedente al reconocimiento que le brindan 17 países americanos, y eso sólo se debe a la autenticidad de su origen".

117

Una anécdota curiosa.
Para el libro de Televisa.

Mi papá cuenta muchas anécdotas de personas que le han pedido autógrafos; otras lo saludan y le comparten alguna historia personal en la que sus personajes y programas fueron parte importante de su vida o de algún familiar. De todas ellas habla con cariño y agradecimiento.

Quiero compartir una en especial, por ser esencialmente diferente a todas las demás. Recuerda que en una ocasión se encontraba en algún aeropuerto de la República Mexicana y se acercó a él una mujer para preguntarle: ¿Usted es el papá de las Gómez? Se trataba de una excompañera de escuela de alguna de mis hermanas. Al evocarla, él generalmente sonríe y la cuenta entusiasmado.

Las 5 hermanas estuvimos en la misma escuela. No sólo nuestras compañeras sino prácticamente toda la gente que nos conoce, suele preguntarnos: ¿Qué se siente ser hija de Chespirito?

Para mí, es una pregunta difícil de contestar, porque tengo la sensación de que, quien la formula, espera una respuesta determinada. Evidentemente siento un orgullo muy grande y un enorme agradecimiento a la vida, por tener la fortuna de estar cerca de este hombre extraordinario. Ha sido un padre maravilloso. Es un ser humano bueno, sencillo, noble y muy inteligente. Lo amo como padre y lo admiro como persona.

Lo interesante de esta anécdota es que creo que a él nadie le ha preguntado: ¿Qué se siente ser papá de las Gómez?

"Güereja Patas de Coneja"
Marce

SER HIJA DE CHESPIRITO

Parece que la pregunta es inevitable: ¿Qué se siente ser hija de Chespirito? Nunca sé qué responder. No sé qué se siente que tu padre sea médico o albañil, comentarista de futbol o empleado de banco... sólo he tenido un padre y sí, creo que ha sido el mejor del mundo. Pero ¿qué se siente? Ternura, alegría, calidez, orgullo, responsabilidad... Ponerle palabras a los miles de sentimientos que mi padre despierta me parece casi imposible. Creo que me sería más fácil ilustrarlo con algunos recuerdos que vienen a mi mente.

Como las noches en las que se paseaba con uno de nosotros en brazos porque no podía dormir. Siempre nos cantaba "Noche de Paz", y eso era justo lo que nos transmitía: paz. O como cuando jugaba juegos de mesa con nosotros y pasábamos la tarde del domingo riendo en familia. O cuando nos enseñaba unos cuantos trucos de magia sin revelar sus secretos hasta que los descubríamos por nosotros mismos para estimular la inteligencia. O cuando me regaló un requinto para enseñarme a tocar guitarra, o cuando me explicó cómo mezclar los azules y los amarillos para obtener distintos tonos de verde con el óleo o los lápices de colores, o cuando recorría la casa con una de mis hermanas sobre los hombros cantando "vendo niñas bonitas", o cuando veía el futbol con mi hermano... ¿Cómo se explica lo que se siente tener un padre presente, cariñoso, comprensivo, atento, bueno?

Cuando tenía seis años lo acompañaba a Televicentro y pasábamos el día entero preparando todo para la transmisión de "Cómicos y Canciones" con Viruta y Capulina: el ensayo del programa, la construcción de la escenografía, los efectos especiales... Era como cualquier otra niña acompañando a su padre al trabajo. Excepto que en esa época mis compañeras de escuela ni siquiera sabían lo que hacía el suyo... que por supuesto no era un "escritor", como ponían nuestros formatos de inscripción a la escuela. Fue hasta la adolescencia cuando comencé a tomar conciencia de que mi papá era algo especial. En la calle lo reconocían, le pedían su autógrafo... su fama fue aumentando hasta el grado en que se hizo casi imposible salir a comer a un restaurante. El fenómeno me sigue pareciendo inexplicable. Para mí sigue siendo el padre amoroso, inteligente, cálido... ¡Extraordinariamente culto! Nunca tuve que ir a una biblioteca para hacer las tareas escolares, porque él conocía todas las respuestas, tenía todos los libros en su biblioteca, los había leído, podía recordarlos. Hoy sigue teniendo una mente extraordinaria, aunque asegure que ya se le olvidan algunas cosas.

Hace poco hice un viaje a Sudamérica. Sin habernos identificado, simplemente al escuchar nuestro acento mexicano, en cada una de las ciudades a las que llegué escuché alabanzas sin fin hacia su persona. "Acá crecimos con el Chavo", me decían. Entonces alguien del grupo "me delataba": ella es su hija, decían. Aún no puedo creer las muestras de admiración y cariño de toda esa gente que se sentía honrada tan solo por tener cerca un representante de semejante personaje. Siempre me sentí indigna de tantas manifestaciones de afecto, porque me era claro que no iban dirigidas a mí. Pero junto al inmenso orgullo que me embargaba, me atacaba también un profundo sentido de responsabilidad: ir por la vida siendo la hija de Roberto Gómez Bolaños significa ser portadora de su carisma, su generosa genialidad, que hay que saber llevar con dignidad. Pero también es ser de alguna manera embajadora de mi país, sentirme grande al saber que México ha dado al mundo una persona que, en la intimidad del hogar, no es más que mi papá.
Graciela Gómez Fernández
México, febrero de 2010

"Las frases de sus personajes le dieron personalidad y lo hicieron inolvidable": Xavier López 'Chabelo'

"Cuando inicié mi carrera, Roberto Gómez Bolaños ya era un consolidado escritor y desde entonces hemos llevado una excelente amistad. Lo admiro y quiero mucho, porque es un excelente actor, comediante y, muy por encima de eso, una buena persona, que es lo más difícil de encontrar ahora. Y justo una de sus grandes fuerzas fue justamente crear todas esas frases a sus personajes, y que terminaron por darle a él personalidad y características que lo hacen inolvidable".

118

Cuando menos lo esperaba, Chespirito dio a luz (bueno, su mujer) al pilón de la familia. ¡Yo! La que heredó el amor por la escritura, aunque no necesariamente el talento, claro está. Él me transmitió el gusto por la ficción, la poesía, la risa y el humor.

Mi papá es uno de los hombres más nobles que conozco. Su pilón le ha dado muchos dolores de cabeza, pero no por eso ha dejado de ser increíblemente tierno y amoroso y, sobre todo, respetuoso. Ha estado conmigo en cada etapa de mi vida; cuando quise ser actriz, cuando quise aprender a escribir, cuando me convertí en madre, cuando me equivoqué, cuando dudé, cuando choqué, cuando sufrí, cuando empecé a crecer. Nunca un padre gruñón, ni enojón, ni impositivo, ni nada de eso. Siempre asegurándome que no había forma de fallarle a él, que sólo debía cuidarme: no fallarme a mí misma. Siempre insistiendo que es de sabios cambiar de opinión, que es importante estudiar, conocer, prepararse, sin importar cuántas veces tome uno un camino diferente.

Un padre que, en cualquier situación, está dispuesto a convivir y compartir con armonía; hace de cualquier momento un momento agradable. Trabajar con él es el mayor privilegio que he tenido en la vida. Recuerdo, al punto de la lágrima, esos minutos en los que esperábamos que cambiaran una luz del set y él aprovechaba para enseñarme algún paso de tap, con esa carita suya, tan tierna; como la del Chavo cuando se entusiasmaba. Y comidas en restaurantes donde el inocente se chutaba hojas y hojas de mis escritos, sin gesticular, manteniéndome en suspenso, para rematar diciendo: "escribes re bien, Pauloca". ¡Ah! ¡Cómo lo amo y qué agradecida le estoy!

No voy a alargarme más. Terminaré respondiendo a la obligada pregunta: ¿qué se siente ser hija de Chespirito?. Pues, la verdad, ¡padrisisisisisísimo!

Paulina Gómez.

2012

29 de febrero. Televisa le rindió un magno homenaje en el Auditorio Nacional de la ciudad de México, como reconocimiento a su carrera como escritor, actor, productor y director. 'América celebra a Chespirito' se llamó la iniciativa en la que participaron 11 países.

"Siempre ha sido un padre cariñoso, cercano":
Roberto Gómez Fernández
"Normalmente procuro decirle a mi padre las cosas más de viva voz. Prefiero siempre expresarle todo mi amor y cariño de frente; él lo sabe bien. Me ha enseñado muchas cosas; la más importante: que todo sale con mucho trabajo. Por más talento, ingenio o cosas positivas que uno tenga, si no hay trabajo detrás, las cosas no salen. Él siempre trabajó mucho para que salieran bien las cosas. Separó también su trabajo de la familia. La personalidad de 'Chespirito' es distinta a la de ser padre, pero siempre ha sido un padre muy cariñoso, cercano, siempre tratando de hacer una diferencia entre lo que representa su mundo artístico y la familia".

Retrato a lápiz realizado por su hija Graciela

“ *¿Cómo me gustaría que me recordaran después de mi muerte?*
Me han hecho muchas veces esa pregunta, pero nunca he sabido
responderla. La verdad, no soy ambicioso, entonces como quieran.
Sobre todo como un buen hombre; no quiero monumentos
ni recuerdos bonitos ni nada de eso ” .